Bettina Keck

Von Prachtlibellen, Baumläufern und Türkenbundlilien

Ein Jahr Naturbeobachtung
in Zürich und anderswo

WERDVERLAG.CH

Impressum

Texte
Bettina Keck, CH-8047 Zürich

Gestaltung Umschlag
Sonja Berger, Werd & Weber Verlag AG, CH-3645 Thun/Gwatt
(Foto: www.fotolia.com)

Satz
Rahel Gerber, Werd & Weber Verlag AG, CH-3645 Thun/Gwatt

Korrektorat
Madeleine Hadorn, Werd & Weber Verlag AG, CH-3645 Thun/Gwatt
Romina del Principe, Werd & Weber Verlag AG, CH-3645 Thun/Gwatt

ISBN 978-3-85932-872-3

www.werdverlag.ch
www.weberverlag.ch

Prolog

Die Welt erstarrt in Schwarz und Weiss.

Eisnadeln klammern sich an Zweige,
klammen Fingern gleich, und zwingen ihnen
ihr Korsett auf.

Alles Leben schläft, schläft den Totenschlaf.

Im Innern der Nadeln aber – was tut sich da für ein
Mikrokosmos auf: Wie funkeln die Kristalle, diamantenen
Sternen gleich, inmitten von Raum und Zeit.

Montag, 23. Januar 2017

Inhaltsverzeichnis

Babuschkas im Schnee 7
Borkenkunst unter dem Zirkumhorizontalbogen 10
Frühblüher im Hoch 13
Von Hasen und anderem Getier 15
Klamme Hände 17
Königinnenbesuch 19
Lärchenwald und Luxustee 22
Epilog 25
Zwei Welten 26
Bergauf 29
Abendlied 31
Zur Stadtoase 33
Die Erde von oben 35
Unfassbar 37
Meteora 38
Von Maul- und anderen Eseln 40
Zugerberg 43
Stadtbewohner 46
Flügelballett 47
Jakobsweg 48
Lila und Lindengrün 51
Regen über dem Moor 53
Rosenduft und Harzgeruch 57
Tanz der Gaukler 59
Ein strahlend schöner Tag 61
In den Schatten gestellt 64
Land unter 67
Der stumme Schrei der Bäume 70
Schatzsuche 72
Lägerngrat 74
Das Weisse Waldvögelein 78
Der Hase und der Igel 79
Sommer pur 80
Amsel, Drossel, Fink und Star 83
Expedition Uitikon 85

Wo der Bär herumgeistert 88
Ertappt 90
Spaziergang mit Mutter 91
Türkenbund 94
Stille 95
Böller, Bär und Bergfrühling 97
Kurzmeldung Ybriger Bär 100
Von Hexen und Festen 101
Kunstflieger 103
Zähne 105
Karussell 106
Grünfink 108
Rückkehr zur Königin 109
Rhätische Bahn 111
Gletschertour 114
Spätsommertag 117
Berg, Baeren und Beeren 120
Azurblau und Lapislazuli 124
Turteltauben 127
Tiefschwarz und Zitronengelb 128
Admiral 131
Höhenfieber 132
Bunte Bänder 136
Späte Blüte 137
Blättertapete 139
Herbstrot und Hochzeitsweiss 141
Brandblasen 143
Überfluss 145
Aus dem Gleichgewicht gebracht 146
Als ginge es um Leben und Tod 148
Es ist Zeit 149
Jurahöhenweg 150
Im Süden 152
Möwe im Weihnachtsstress 154
Und das im November 155
Ein neuer Tag bricht an 157
Stichwortverzeichnis 158
Autorenporträt 160

Babuschkas im Schnee

Über Nacht ist Schnee gefallen – das erste Mal in diesem Winter. In der Stadt Zürich sind es zwar nur wenige Zentimeter, und Bäume und Sträucher haben sich ihres Wintermantels längst wieder entledigt, aber immerhin. Gerade wurde bekannt, dass 2015 das wärmste Jahr seit Beginn der Temperaturaufzeichnungen war. Gefolgt vom Jahr 2014. Was für ein trauriger Rekord.

Bei der Tramhaltestelle Triemli wartet Theres, eine Freundin, die mich bei meinem heutigen Spaziergang über den Üetliberg begleitet, wetterfest verpackt. Seit vielen Jahren mache ich diesen Gang regelmässig bei Wind und Wetter, mal bei Regen, mal bei Sonne, und doch entdecke ich jedes Mal etwas Neues und staune darüber, wie selektiv meine Wahrnehmung ist. Heute liegt mein Fokus auf den Knospen von Bäumen und Sträuchern, denn ich bereite eine Exkursion zu diesem Thema vor.

Knospen sind Wundertüten. Wer im Winter einen Haselzweig schneidet und mit nach Hause nimmt, kann beim Austrieb beobachten, was alles in einer einzigen Knospe steckt: männliche Blüten, weibliche Blüten und Triebe mit weiteren Knospen, die sich zu Blättern entfalten. Wie in einer Babuschka sind Knospen in Knospen verpackt.

Anders als der Hasel besitzen manche Gehölze wie Ulme und Kornelkirsche zwei verschiedene Typen von Knospen: aus den kugeligen werden Blüten, aus den länglichen Blätter. Beide Arten kommen am Üetliberg vor.

Ich strecke meinen Arm aus und reibe mit den Fingern über eine Bergahornknospe. Die schuppenförmigen Blätter, mit denen der Bergahorn seine Knospen umhüllt, sind von einer Wachsschicht überzogen; ich spüre sie gut. Schuppenblätter wie Wachsschicht schützen die Anlagen und reduzieren die Verdunstung auf ein Minimum.

Es gibt auch Arten, die ohne Schuppenblätter auskommen und ihre Anlagen mit behaarten Blättchen in Miniaturform schützen. Dann spricht man von «nackten» Knospen. Der Rote Hartriegel und der Wollige Schneeball, die Theres und ich beide am Üetliberg finden, sind Beispiele dafür.

Jetzt, im Januar, halten die meisten Knospen Winterschlaf. Sie haben ihren Stoffwechsel und wegen der Frostgefahr auch ihren Wassergehalt minimiert. Vollgepackt mit Energie, die sie im Laufe des letzten Sommers eingelagert haben, harren sie in der Kälte aus. Nur Hasel und Erle blühen bereits. Wenn – im März oder April – die Temperaturen steigen, werden auch die Knospen der übrigen Gehölze aus ihrem Schlaf erwachen. Dann werden sie ihre Zellen bis zum Anschlag mit Wasser füllen, sich strecken und recken, bis sie ihr Volumen vervielfacht haben, und schliesslich mit Hilfe der eingelagerten Energie austreiben.

Der Wind, der über den Berg fegt, heult. Es sind Böen bis zu sieben Beaufort vorausgesagt, das sind rechte Schüttler. Auf der Krete angelangt, hole ich meine schwarze Goretexjacke aus dem Rucksack hervor und ziehe sie über die blaue Daunenjacke. Irgendwann habe ich zufällig entdeckt, dass das geht, meine Daunenjacke ist sehr eng geschnitten, meine Goretexjacke weit, eine ideale Kombination bei Schnee und Kälte. Hier oben liegt viel mehr Schnee als unten in der Stadt, sicher zwanzig Zentimeter. Es läuft sich wunderbar, vor uns war noch niemand unterwegs.

Der Wind wird immer stärker. Er reisst regelrecht an den Bäumen, biegt ihre Äste, schleudert uns Schnee entgegen – die beissende Kälte im Gesicht setzt uns zu. Wir beschleunigen unseren Schritt. Schliesslich versinken wir tief im weichen Schnee und wundern uns darüber. Ein paar Meter weiter wird uns klar, warum: Der Wind hat hier den Schnee wortwörtlich von der Wiese gefegt und weiter hinten, dort, wo wir gelaufen sind, zu kunstvollen Dünen aufgetürmt. Die sanft geschwungenen weissen Wellen sind ästhetisch perfekt.

Auf dem Weg bergab nach Uitikon-Waldegg macht sich mein linker Fuss bemerkbar, es scheint sich eine Blase zu bilden, und so beenden Theres und ich unsere Tour bei der Haltestelle der Üetlibergbahn, die uns zurück nach Zürich und in die Wärme bringt.

Freitag, 15. Januar 2016

Borkenkunst unter dem Zirkumhorizontalbogen

Das Tauwetter hat am Hang einige Brocken gelöst und auf den Weg geworfen, weshalb ich ab und zu prüfend nach oben blicke, um sicherzugehen, dass mich nicht gleich ein Fels zerschmettern wird. Seit meinem letzten Üetliberggang sind zwei Wochen verstrichen. Der Schnee ist zu kümmerlichen gräulichen Resten zusammengeschmolzen, beim Gehen knirscht nicht Schnee, sondern Kies unter meinen Sohlen. Abgesehen von Hasel und Erle, die in voller Blüte stehen, ist der Wald noch immer winterkahl. Silbern, grau, braun und schwarz schimmern seine Stämme.

Ganz junge Gehölztriebe werden von einer Haut aus lebenden Zellen bedeckt. Bereits im ersten Jahr aber entsteht eine Schutzschicht – die Rinde. Sie setzt sich aus toten Korkzellen zusammen und dichtet den Baum oder Strauch nach aussen hin ab. Damit dieser trotzdem atmen kann und nicht erstickt, bildet er sogenannte Lentizellen aus. In Lentizellen sind die Korkzellen nicht wie sonst üblich dicht an dicht, sondern locker gepackt. Für das menschliche Auge sind sie als helle oder dunkle, rundliche oder längliche Poren erkennbar, die von der Oberfläche abstehen.

Wenn die Bäume und Sträucher im fortgeschrittenen Alter an Umfang zulegen, reisst die Rinde meist auf, je nach Art längs oder quer zum Stamm oder in rechteckigen Schuppen – eine Borke entsteht. Nur Rot- und Hainbuche bewahren sich ihre glatte Rinde bis ins hohe Alter. Entsprechend sind ausgewachsene Rotbuchen an ihren grauen, glatten Stämmen, die von feinen Runzeln überzogen sind, zu erkennen. Und Hainbuchen sind wegen des weissen Netzmusters, das sich an ihren glatten, wulstigen Stämmen hochzieht und wie aufgemalt wirkt, bereits in ihrer Jugend einfach zu bestimmen.

Andere Arten sind weniger bescheiden und protzen mit ihrer Borke. Feldahorn und Feldulme etwa bilden entlang ihrer Äste und Zweige beeindruckende Korkleisten aus. Und die Eiche zählt mit ihrer tiefrissigen Borke zu den Borken-Königinnen. Mein Lieblingsborkenbaum aber ist der Bergahorn. Seine Borke blättert in rechteckigen Schuppen ab, was am Stamm vielfarbige Puzzleteile entstehen lässt und entfernt an eine Platane erinnert. Für mich stellt jeder Bergahorn ein einzigartiges Kunstwerk dar. Hier am Üetliberg reiht sich Kunstwerk an Kunstwerk. Behutsam lasse ich meine Finger über die Puzzleteile gleiten.

Noch immer ist das Seil da, das die Förster im November entlang der Falllinie durch den Üetliberghang zogen, um im steilen Gelände gefällte Bäume abtransportieren zu können. Warum, weiss ich nicht. Seit Wochen habe ich keine Förster mehr gesehen und die Motorsägen blieben stumm.

Weiter oben lassen Bagger ihre Arme müde gegen den Boden hängen, verlassen stehen sie da, Überbleibsel der neuen Bergbachverbauung. Mit riesigen Steinquadern und querliegenden Baumstämmen soll der Bach gezähmt und in sein Bett gezwungen werden. Ich bin gespannt, ob er sich dem Willen der Bachverbauer beugen wird.

Im Unterholz fallen mir Sträucher mit feinen Zweigen auf, die ihrer gräulichen Farbe wegen unansehnlich und wie abgestorben wirken. Aus der Nähe entpuppen sie sich mit ihren spitzen, grauen Knospen als Rote Heckenkirsche. Ihr lateinischer Name *Lonicera xylosteum* passt zu ihrem «toten» Aussehen, denn *xylosteum* bedeutet «Holz wie Knochen».

Die Aussicht vom Üetliberg ist heute ungewöhnlich. Der Himmel ist mit linienförmigen Schleierwolken überzogen, aber ausgefranst, als wäre der Himmelscoiffeur mit einem grobzinkigen Kamm einmal quer über das Gewölbe gefahren. Plötzlich ist mir, als hätte ich einen kräftigen Farbtupfer mitten im Blau entdeckt. Eine Art Regenbogen zeichnet sich in einer Schleierwolke ab, die Farben sind deutlich auszumachen. Von einem Regenbogen ohne Regen habe ich allerdings noch nie gehört, wie das wohl möglich ist? Zu Hause lese ich nach, dass es sich bei meiner «Regenbogenwolke» um einen Zirkumhorizontalbogen gehandelt haben muss. Ein solcher entsteht, wenn sich das Licht der Sonne an den winzigen Eisplättchen einer Wolke bricht – was für ein Wunder der Natur.

Freitag, 29. Januar 2016

Frühblüher im Hoch

Jemand wirft es in die Runde: Es riecht nach Frühling. Das Wetter ist mild, die Sonne scheint, bald muss ich Mütze, Schal und Handschuhe in meinen Rucksack packen, weil mir warm wird. Schon wieder bin ich am Üetliberg unterwegs, diesmal mit einer Gruppe. Zwar ist für den späteren Nachmittag eine Front angesagt, die stürmischen Wind und viel Regen bringen soll, alle Wetterdienste haben Windwarnungen herausgegeben, jetzt aber spürt man noch nichts vom kommenden Ungemach. Ein laues Lüftchen weht, mehr nicht.

Unsere Prozession gerät ins Stocken. Einer nach dem anderen zeigt aufgeregt auf weisse Punkte am Waldboden: Märzenbecher. Märzenbecher im Januar! Einige Schritte weiter dann erneut ein überraschter Ausruf – auch die Weisse Pestwurz streckt ihre Köpfe aus dem Boden. Die kleinen Dinger ähneln in diesem frühen Stadium Blumensträusschen, von viel Grün umfasst. Gleich daneben, hinter einem Baum versteckt, hat sich ein erstes Bingelkraut entfaltet. Und immer wieder leuchtet uns da und dort das Gelb der Waldschlüsselblume entgegen. Die Natur spielt verrückt. In den letzten Jahren führte ich am Üetliberg jeweils Anfang März eine Exkursion zum Thema Frühblüher durch, die fast immer zum Desaster wurde, weil Schnee lag und sich die Frühblüher im Boden versteckten. Nur dieses Jahr, in dem ich keine Frühlingsblumen-Exkursion plane, ausgerechnet in diesem Jahr zeigen sich die Frühblüher schon im Januar.

Zugegeben, Frühblüher sind klug. Sie blühen, bevor die ersten Bäume mit dem Laubaustrieb beginnen und den Waldboden beschatten. Sobald die dunkle, oberste Bodenschicht von der Frühlingssonne erwärmt ist, wagen sich die Frühblüher aus der Erde und haben die ganze Sonneneinstrahlung für sich. Wenn die Wärme dann endlich auch die Luftschichten erreicht, in der Bäume knospen, und die Waldriesen aus ihrem Winterschlaf erwachen, sind die Frühblüher oft bereits verblüht. Und wenn das Blätterdach des Waldes gegen Ende Mai voll ausgebildet ist und nur noch zehn Prozent des Lichts den Waldboden erreichen, haben sie schon Früchte gebildet und Speicherstoffe für das nächste Jahr eingelagert. Mithilfe dieser Energie, die sie in unterirdischen Organen speichern, werden sie im nächsten Jahr erneut in der Lage sein, lange vor ihren Konkurrenten, den Bäumen, auszutreiben und das Rennen um das Licht zu machen.

Weiter oben am Hang riecht es nicht mehr nur nach Frühling, nach sonnengewärmtem Laub und feuchter Erde, sondern auch nach Rauch. Mehrere Familien haben ein Feuer entfacht und braten mit ihren Kindern Würste, die sie an langen Stecken über die Flammen halten. Jahr für Jahr nehme ich mir vor, hier auch einmal zu grillieren, indes, das Einzige, was ich in all den Jahren zustande brachte, war, mich mit Theres zu einer Waldschule zu gesellen, die auf einem Feuer Suppe kochte, und, nachdem wir höflich gefragt hatten, ob wir unsere mitgebrachten Marshmallows über ihrer Glut bräunen dürften, geduldig zu warten, bis die Schaumdinger Farbe annahmen. Eine Kindheitserinnerung. Der leicht verbrannte Geschmack, die Hitze im Mund, die klebrige, geschmolzene Süsse.

Langsam legt der Wind zu. Bald muss ich, um gehört zu werden, gegen den Wind anbrüllen, und wir beeilen uns, einen windgeschützten Ort zu erreichen. Derweilen springen neben uns Kinder auf der Wiese herum und werfen sich jauchzend in den Wind. Auch hier prasseln Feuer am Waldrand, auch hier werden Würste gebraten. Nichts deutet darauf hin, dass exakt auf dieser Wiese vor zwei Wochen noch geschlittelt wurde und sich der Schnee zu hohen Dünen häufte.

Verrückt, dieser Januar.

Samstag, 30. Januar 2016

Von Hasen und anderem Getier

Ich warte auf den Zug nach Chur. Mit mir warten gleich mehrere Gepäckwagen der SBB, zum Bersten gefüllt, zuoberst thronen Schlitten in allen Varianten. Endlich fährt der Zug im Zürcher Hauptbahnhof ein. Er füllt sich rasch. Auf dem Perron eilen Gruppen von Schülern vorüber, unter der Last ihrer Skis gebeugt, ein ununterbrochener Strom an noch müden Wintersportlern. Mir gegenüber nimmt ein Vater mit seiner Tochter Platz, die sich, kaum hat sie sich hingesetzt, anschickt, ihren Rucksack komplett zu leeren. Bücher, Farbstifte, Spielsachen und einen Kuschelhasen fördert sie zutage, das reicht ihr aber nicht, erst mit dem Natel gibt sie sich zufrieden. Ruckzuck ist der Rest wieder eingepackt, nur der Hase darf draussen bleiben, damit er, wie sie ihrem Vater erklärt, auch etwas von der Aussicht hat.

In der Au, wo ich aufgewachsen bin, verharren Kormorane unbeweglich auf einem Floss. Ihre Flügel haben sie zum Trocknen ausgebreitet. In dieser Haltung erinnern mich die Kormorane an gigantische Fledermäuse. Weil ihr Gefieder sich, im Vergleich mit demjenigen anderer Wasservögel, rasch mit Wasser vollsaugt, ruhen sie stets an Land. Seit die Brutbestände des Kormorans in Nordeuropa besser geschützt werden, sieht man ihn in der Schweiz oft im Winter. Auch in grossen Gruppen.

Weiter gegen Wädenswil zu sitzen Möwen auf einem Steg, aufgereiht wie auf einer Schnur, eine dicht an die andere gedrängt. Ein schönes Bild. Um welche Art es sich dabei handelt, weiss ich allerdings nicht.

Es folgen Reiherenten – die Männchen sind einfach zu erkennen an ihrem schwarz-weissen Kleid. Scheinbar schwerelos schweben sie auf dem Wasser und schaukeln leise mit den Wellen, die Schnäbel fest ins aufgeplusterte Gefieder gesteckt. Und immer wieder: Reiherenten, Reiherenten, Reiherenten. Waren das früher auch so viele?

Wenn ich es recht bedenke, kann ich mich überhaupt an keine Reiherente in meiner Kindheit erinnern. Woher kommen die plötzlich?

Abends lese ich, dass die Reiherente ursprünglich in nördlichen Gefilden zu Hause war. Als Folge der Ausbreitung der Wandermuschel, ihrer bevorzugten Nahrungsquelle, dehnte sie ihr Verbreitungsgebiet aber zunehmend Richtung Süden aus. Kein anderer Wasservogel ist heute im Winter an unseren Gewässern häufiger anzutreffen als die Reiherente. Im Sommer hingegen macht sie sich nach wie vor rar. Nur selten brütet sie in der Schweiz, etwa am Neuenburgersee.

Das Glarnerland kommt und geht, die Churfirsten fliegen vorüber, das Mädchen und sein Hase haben genug von der Aussicht gesehen und beginnen zu quengeln. Ein Gipfeli wendet weiteres Unheil ab. In Landquart steigt die Familie aus, nach einer weiteren Stunde wird sie wohl ihre Feriendestination erreicht haben, und ich erinnere mich an die englischen Touristen mit grossem Gepäck, befreundete Ehepaare, so schien es, mit denen ich vor zwei Wochen die Strecke Zürich-Chur gefahren bin. Wie der Kondukteur so wunderte auch ich mich darüber, dass sie Chur als «final destination» angaben. Dass Engländer in die Schweiz fliegen, um nach Chur in die Ferien zu reisen statt Arosa, Davos, Scuol oder St. Moritz zu wählen, das hätte ich nicht für möglich gehalten. Ob die Briten wohl in eine Schnäppchenfalle getappt sind oder ganz einfach übersehen haben, dass das noch freie Hotel nur schlappe dreissig Kilometer vom gewünschten Ort entfernt liegt? Ihre Ferien müssten jetzt zu Ende sein. Ich würde viel dafür geben zu erfahren, wie der Urlaub der Engländer in «Tschur» verlief.

In Valbella, wo ich aus dem Postauto steige, herrscht trotz Föhnwind Winter. Die letzten Tage haben viel Schnee gebracht. Schweren Schnee, in dem man leicht versinkt, aus dem man aber nur schwer wieder hochkommt. Mühsam kämpfe ich mich mit meinem Rucksack bis zum See und stapfe über das Eis weiter bis zum Strandkiosk Lenzerheide, an dem ein einsames Stockentenpaar und ein einsamer Schneekönig, mit dem ich zum Mittagessen verabredet bin, sehnlich auf mich warten.

Samstag, 6. Februar 2016

Klamme Hände

Ein wunderbarer Morgen, nur leider bitterkalt – wie ich zu spät feststelle. Blauer Himmel und Sonnenschein empfangen mich in der Waldegg. Eine dünne Schicht Puderzuckerschnee hat den Üetliberg bestäubt. Es ist still, noch ist kaum jemand unterwegs.

Mit meiner Kamera bewaffnet mache ich mich auf zur Fotosafari. Ich will heute den Gewöhnlichen und Wolligen Schneeball, die Schwarzerle, die Vogelbeere und den Traubenholunder jagen.

Während ich mit Blendenweiten, Verschlusszeiten und ISO-Zahlen jongliere, höre ich mit einem Ohr einem Buchfinken zu, der sich die Tonleiter ein ums andere Mal nach unten singt. Aus der Ferne erhält er Antwort. Auf einem Baum erblicke ich zwei weitere Buchfinken, die ohne Unterlass herumturnen und von Ast zu Ast springen. Ob es sich dabei um Übermut handelt oder um die Verteidigung eines Reviers, vermag ich nicht zu sagen. Aber ich weiss, dass der Buchfink unser häufigster Brutvogel ist. Man sieht ihn fast überall, jetzt, im Winter, hauptsächlich Buchfinken-Männchen. Die kleineren und schwächeren Weibchen ziehen im Herbst meist in den Süden. Und kehren erst gegen Ende Februar zurück.

Endlich bin ich bei der Schwarzerle angelangt, durchfroren. Meine Hände zittern trotz Faserpelz, Daunenjacke und Handschuhen so sehr, dass ich alle Bilder verwackle. Der Arm, mit dem ich den Zweig festhalte, um die Knospe in die richtige Position zu bringen, zittert dabei noch mehr als die Hand, mit der ich die Kamera umklammere. Nachdem ich dazu noch zum wiederholten Mal mit den klammen Fingern auf eine falsche Taste gedrückt habe, gebe ich fluchend auf. Irgendetwas klirrt. Es klingt, als wäre ein metallischer Gegenstand auf den Boden gefallen, und tatsächlich entdecke ich im Gras vor mir einen Ring. Behutsam hebe ich ihn auf. Vermutlich hat sich meine Kamera wegen der Kälte um ein paar Hundertstel Millimeter zusammengezogen, sodass sich der Ring, der das Objektiv umschliesst, gelöst hat. Etwas ratlos betrachte ich ihn, ich habe keine Ahnung, welche Funktion er hat, oder ob er nur der Zierde dient. Ob es eine Minimaltemperatur gibt, unterhalb der eine Kamera ernsthaft beschädigt werden kann?

Kaum habe ich mich von der Schwarzerle abgewandt, verneh- me ich ein vertrautes «Witt-witt-witt» und verlangsame meinen Schritt. Mit den Vogelstimmen bin ich etwas aus der Übung, da- rum bin ich nicht sicher: Könnte es ein Kleiber sein?

Tatsächlich sehe ich einen blauen Blitz an einem Baumstamm hinunter- und gleich wieder hinaufhuschen. Unverkennbar sind der schwarze Augenstrich, der ihm ein piratenmässiges Ausse- hen verleiht, der orangefarbene Bauch und der spechtartige Schnabel. Während meines Studiums habe ich diesem kleinen Akrobaten auf dem Hochschulgelände oft stundenlang zugese- hen, wie er, kopfüber, die Äste entlangraste, dann wieder mit dem Kopf voran den Stamm hinunter eilte, als wäre nichts dabei. Hier, auf den alten Obstbäumen des Baumlehrpfades Uitikon-Waldegg, fühlt er sich sichtlich wohl.

Um an Insektenlarven zu gelangen, meisselt der Kleiber Lö- cher in morsche Äste und stochert in Borkenspalten. Der Kleiber mag aber auch Samen und Nüsse. Oft brütet er in verlassenen Spechthöhlen, deren Öffnungen er mit Lehm auf die richtige Grösse zuklebt.

Meine Hände brauchen dringend Wärme. So suche ich die Sonne, strecke ihr mein Gesicht und die eisigen Finger entgegen und lausche mit geschlossenen Augen in den Wald. Aus der Ferne dringt das Kreischen von Motorsägen zu mir. Da ertönt das «Wize-wize-wize» der Tannenmeise, unserer kleinsten Meise, dort der klare Zweiton der viel grösseren Kohlmeise, der mich an das Schlagen von Glocken erinnert. Wie der Kleiber so harren auch Kohl- und Tannenmeise im Winter bei uns aus. Und trotzen der bitteren Kälte.

Die Buchfinken sind verstummt.

Freitag, 12. Februar 2016

Königinnenbesuch

Die Zahnradbahn hält in Rigi Klösterli. Ich bin die Einzige, die aussteigt. Dabei ist der Zug vollbesetzt mit Touristen, Wintersportlern und unzähligen Schlitten, die dem Kondukteur den Durchgang versperren. Hanya, eine Freundin, erwartet mich, und gemeinsam nehmen wir den steilen Weg nach Rigi Staffel in Angriff. Die versprochene Sonne zeigt sich nicht, noch versteckt sie sich hinter dicken Wolken. Es ist überraschend kühl und ein frischer Wind weht, deshalb schlüpfen wir bald – trotz der vorhergesagten Temperaturen von bis zu 15 Grad im Flachland – in unsere Goretexjacken.

Das Gehen im vom gestrigen Regen aufgeweichten Schnee ist mühsam und gleicht mehr einem Rutschen. Immer wieder müssen wir grosse Pfützen umgehen. Plötzlich sinke ich mit dem rechten Bein sehr tief ein, bis übers Knie stecke ich fest. Ich richte den Blick auf den Boden, um herauszufinden, was passiert ist – und sehe, dass nicht etwa tiefer Schnee, sondern vielmehr ein Kuhgitter für mein Missgeschick verantwortlich ist. Mit meinem Fuss bin ich genau zwischen zwei Eisenstangen geraten. Was für eine Leistung.

Der Wind legt an Stärke zu. Er wirft sich uns entgegen, treibt die Wolken vor sich her und zerteilt sie in kleine Fetzen. Als wir nach Rigi Staffel gelangen, lacht die Sonne vom blauen Himmel. Hoch oben zeichnen sich Wolken ab, die von ihrer Form her an Linsen oder Mandeln erinnern. Fasziniert betrachte ich die ästhetischen Gebilde am Himmelskörper – es wundert mich nicht, dass sie mitunter Falschmeldungen über UFOs provozieren.

Wie ich innehalte, wird mir bewusst, wie wenig ich auf dem Weg vom Klösterli nach Staffel von meiner Umgebung wahrgenommen habe. Ausser dem Brausen des Windes und einigen Schlittlern, die an uns vorbeijagten – nichts. Ins Gespräch vertieft, war ich blind und taub für alles um mich herum.

Nebelschwaden verhüllen kurzzeitig den Berg, als wir Rigi Kulm erreichen. Dann verzieht sich der Nebel und gibt den Blick auf die schneebedeckten Gipfel rundum frei: Mit einer Klarheit, die durch keinen Dunst getrübt ist, leuchten Rigi Scheidegg und Dossen zu uns herüber, während Zuger- und Vierwaldstättersee mit ihrem dunklen Blau locken.

Atemberaubend schön.

Am Fuss der höchsten Kuppe tanzen verkrüppelte Bergkiefern im Wind, gebeugt von einer unsichtbaren Last. Als ich mich ihnen nähere, greifen ihre Äste wie Arme nach mir. Die Bergkiefer ist eine ausgesprochene Gebirgsbaumart und kommt gut mit steilen Hängen, Wind und Frost zurecht. Sie erobert Höhen von 2400 Metern und mehr, noch höher klettern fast nur Lärchen und Arven. Hier auf dem windzerzausten Gipfel der Rigi ist die Überlebenskünstlerin in ihrem Element.

Wir steigen zur Alp Chäserenholz ab und passieren Fichtenbestände. Die Bäume sind an ihren hängenden Zapfen schon von weitem als Fichten erkennbar.

Fichten und Weisstannen werden manchmal verwechselt. Die Zapfen von Weisstannen stehen aber stets aufrecht auf den Zweigen – im Gegensatz zu denen der Fichten, die herunterhängen. Weisstannenzapfen zerfallen im Laufe des Herbstes, noch am Baum, in Samenschuppen, die vom Wind weggetragen werden: Spätestens an Weihnachten haben sich die Zapfen aufgelöst. Zurück bleibt nur die Zapfenspindel, das «Rückgrat».

Die nadelförmigen Blätter von Fichte, Tanne und Kiefer sind optimal an die winterliche Trockenheit angepasst. Denn bei gefrorenem Boden wird das Wasser knapp.

Damit möglichst wenig Wasser verdunstet, fällt die Oberfläche von immergrünen Nadelblättern klein aus, im Vergleich zu ihrem Volumen. Und das Abschlussgewebe, die Epidermis, ist stark verdickt. Alle Spaltöffnungen sind tief eingesenkt. Um die

Verdunstung weiter zu minimieren, werden die Nadeln zusätzlich von einer Wachsschicht überzogen.

Auf Chäserenholz staunen wir ob der im Hotpot badenden Familie. Das Wasser dampft und schwappt an die Holzwand des runden «Topfes», der mitten im Schnee steht. Die Kinder tauchen, als sie uns erblicken, aus dem Wasser auf, winken uns aufgeregt zu, und wir winken lachend zurück. Zurück blicke ich dann auch beim Klösterli, auf die Königin der Berge, die ihren Namen verdient, bevor wir die Zahnradbahn Richtung Arth Goldau besteigen. Hanya döst, ich aber kann mich auf der Rückfahrt kaum an den wegen des Tauwetters ungestüm stiebenden Wasserfällen sattsehen, die sich über die hohen Nagelfluhbänder in die Tiefe stürzen.

Wasser im Überfluss.

Sonntag, 21. Februar 2016

Lärchenwald und Luxustee

Gestern bin ich zu meinem Schneekönig in die Lenzerheide gefahren – heute nun wollen wir herausfinden, was sich hinter der Bergkuppe verbirgt, die über uns steht. Über dem Ortsteil Zorten.

Beim Skilift Crestas schlagen wir den Höhenweg nach Lain, Muldain ein. Wir haben die Landkarte studiert und glauben, dass dieser Weg sich irgendwann, irgendwo gabeln und in die Höhe führen wird. Der Wind bläst in heftigen Stössen, die Sicht jedoch hinüber nach Lenz und auf die dahinterliegenden Bergspitzen, die den Eingang zum Davoser Tal flankieren, ist fantastisch. Zuhinterst, am äussersten Punkt des Horizonts, kann ich den Julier erkennen. Die Forststrasse steigt nur unmerklich an und zieht sich durch lockeren Fichten-Lärchen-Wald. Die Lärchen sind noch winterkahl, und zum ersten Mal überhaupt nehme ich die Farben ihrer Stämme wahr. Grau auf der wetterabgewandten und leuchtendes Orange auf der stärker verwitterten Seite.

Auf einer Holzbank machen wir Rast, giessen uns den in der Thermosflasche mitgebrachten Tee ein und packen die belegten Brote aus. Direkt vor uns fällt eine von Maulwürfen durchpflügte Wiese zum Tal hin ab, auf sie ist eine Fichte gestürzt, der Stamm nur wenige Meter über dem Boden abgeknickt. Hier lässt man das Totholz offenbar liegen – anders als in den oft peinlich genau aufgeräumten Wäldern des Mittellandes.

Der Wind bringt mich zum Frösteln. Er trägt das Lachen eines Vogels herbei, und ich ärgere mich darüber, dass ich nur vermuten und nicht mit Bestimmtheit sagen kann, dass es sich um einen Grünspecht handelt. Nachdem die Brote verzehrt sind, der Tee ausgetrunken ist, wandern wir weiter. Gerade als ich mich zähneknirschend damit abgefunden habe, dass dieser Weg entgegen unserer Erwartung doch nur wie angegeben nach Lain, Muldain führt und sonst nirgendwohin, taucht just ein Teersträsschen mit einem gelben Wegweiser vor uns auf, der mit «Sporz» angeschrieben ist. Juhee.

Der Wald verändert sich, je höher wir steigen. Immer mehr Lärchen, immer weniger Fichten, bis wir schliesslich reinen Lärchenwald durchqueren – einen Märchenwald vielmehr, dichte Büschel blass-grau-grüner Flechten bedecken Stämme und Äste. Ein Stückchen Flechte fällt herunter, und ich bleibe stehen, um es mir anzusehen.

Unter der Lupe erkenne ich winzige keulenförmige Auswüchse an der Oberfläche. Diese Auswüchse sind Isidien, Brutkörperchen, mit denen sich manche Flechten vermehren. Isidien stellen Miniaturflechten dar. Wenn sie abbrechen und auf geeigneten Untergrund treffen, wachsen sie zu neuen Flechten heran.

Bei Flechten handelt es sich um Pilze, die mit Algen in Symbiose[1] leben. Zwei komplett verschiedene Partner finden sich zu einem Ganzen zusammen und bilden von aussen gesehen eine Einheit als Flechte. Die photosynthetisch aktiven Algen tragen Kohlehydrate bei, während der Pilz das Team mit Wasser und Mineralstoffen versorgt. Der Pilz baut auch den Flechtenkörper auf, in dem die Algen leben. Und er produziert Flechtensäuren, die als Frostschutzmittel wirken, sodass Flechten sogar noch bei Minustemperaturen (bis –20°C) Photosynthese betreiben können.

Baumflechten schaden ihren Wirtsbäumen übrigens nie. Sie sind Selbstversorger und besitzen keine echten Wurzeln. Wasser nehmen sie aus der Luft oder nutzen das, was am Baumstamm herunterfliesst. Als ausgesprochene Überlebenskünstler trotzen Flechten extremer Trockenheit wie Kälte. Selbst in den unwirtlichsten Lebensräumen gedeihen sie. Auf Luftverschmutzung aber reagieren sie sensibel. Wo Flechten in solch grossen Mengen vorkommen wie hier, ist die Welt (noch) in Ordnung.

Auf der Bergkuppe, hinter der Sporz liegt, kommt uns eine junge Frau mit blonden Zöpfen entgegen, die einen Apfelschim-

---

[1] Von einer Symbiose wird dann gesprochen, wenn zwei Arten von der jeweils anderen abhängig sind, eng zusammen leben und auf sich allein gestellt nicht oder fast nicht existieren könnten. Pilze und Algen leben in Flechten in einer Symbiose. Im Labor können zwar viele Flechtenpilze ohne Algen kultiviert werden, in der Natur aber trifft man sie nie ohne Algenpartner an.

mel an den Zügeln führt. Das Duo passt perfekt ins Bild einer Idylle. In der Sporzer-Bar des Hotels Guardaval schliesslich finden wir langsam wieder in die Zivilisation zurück – obgleich, märchenhaft ist es auch hier: Im stilvoll eingerichteten Raum, in weichen Sesseln, geniessen wir in langen Schlucken Schwarztee, während das Kaminfeuer neben uns prasselt und knackt, und beglückwünschen uns dazu, in einem Land zu leben, indem es einem Normalbürger möglich ist und nicht etwa verwehrt wird, bei einer Tasse Tee die Annehmlichkeiten eines Luxushotels auszukosten – das man sich zum Übernachten nicht leisten kann.

Samstag, 27. Februar 2016

Epilog

Missgestimmt sitze ich im Zug zurück nach Zürich und brüte vor mich hin. Das Wochenende ist vorbei. Da bleibt mein Blick kurz vor Landquart an winterkahlen Bäumen voller Misteln hängen, ein Feuerwerk explodierenden Lebens in Gelb und Grün. Die verschiedenen Farbtöne zeigen, dass sich nicht alle Blüten gleichzeitig öffnen. Die Blütezeit von Misteln reicht von Februar bis April.

Wie Baumflechten so leben auch Misteln auf Bäumen, wo sie im Winter von viel Licht profitieren. Damit begnügen sie sich aber nicht – im Gegensatz zu Flechten. Als Halbschmarotzer betreiben Misteln zwar selber Photosynthese. Jedoch zapfen sie dem Baum mit ihren Senkwurzeln Wasser und Mineralstoffe ab. In der Regel schadet das dem Wirtsbaum nicht sehr, wenn er nicht schon durch Krankheiten geschwächt ist oder Trockenheit herrscht. Er zieht einfach entsprechend mehr Wasser aus dem Boden nach.

Die Früchte von Misteln reifen sehr spät, im November. Ihre weissen Beeren stellen deshalb im Winter eine wichtige Nahrungsquelle für Vögel dar, so etwa für Misteldrosseln. Diese revanchieren sich für das Futter, indem sie die Mistelsamen verbreiten – womit sich der Kreislauf schliesst[2].

Sonntag, 28. Februar 2016

[2] Beim Keimen bilden Mistelsamen einen Schlauch mit einer Haftscheibe aus, mit der sie sich auf der Rinde des Wirtsbaums verankern. Dann dringt ein spezielles Sauggewebe in das Holz ein und zapft das Wasser an.

Zwei Welten

Sorgenvoll blicke ich zum Üetliberg, oben hat es geschneit. Ob ich vielleicht doch besser umkehren und meine Schuhe wechseln soll? Mit dem abgelaufenen Profil meiner alten Wanderschuhe komme ich auf gefrorenem Boden nicht weit. Umkehren mag ich allerdings nicht, also bleibt nur vorwärts.

Bedächtig schreite ich bergan. Die kugeligen, schwarzen Blütenknospen der Bergulme sind aufgebrochen, aus ihnen entfalten sich Blütenbüschel, die in der Sonne blutrot leuchten. Frühlingsboten. Frühling herrscht auch im Wald. Ein grüner Teppich bedeckt den ganzen unteren Üetliberghang, überall streckt der Bärlauch seine Blattspitzen aus dem Boden. Dazwischen schimmern die weissen Kugeln der Märzenbecher mit ihren grünen Tupfen, nun endlich passen Name und Blütezeit der Art zusammen. An feuchteren Stellen breiten sich ganze Felder mit Pestwurz aus, der seit Januar merklich in die Höhe geschossen ist. Das viele Bingelkraut ist nicht mehr zu übersehen – auch wenn es sich, unter der Last seiner noch ungeöffneten Blüten, zum Boden neigt.

Tief beuge ich mich über das Bingelkraut und bringe meinen Fotoapparat in Position. Da schiebt sich eine Schnauze, die zu einer Maus gehören muss, für einen Moment aus einem Erdloch – zieht sich dann aber sofort zurück, als sie mich entdeckt.

Das Bingelkraut stellt in der Pflanzenwelt eine Ausnahme dar. Gewöhnlich sind Pflanzen nämlich Zwitter. Das heisst, ein Individuum besitzt weibliche und männliche oder häufig auch zwittrige Blüten. Weibliche Blüten besitzen Fruchtblätter, männliche Staubblätter, zwittrige Blüten beides. Beim Bingelkraut hingegen können weibliche und männliche Individuen unterschieden werden – wie beim Menschen. Auf weiblichen Pflanzen sitzen ausschliesslich weibliche Blüten, auf männlichen ausschliesslich männliche. Die Geschlechter sind sozusagen «auf zwei Häuser» verteilt, weshalb man von Zweihäusigkeit spricht. Zweihäusigkeit ist eine Strategie der Natur, um Selbstbefruchtung zu verhindern.

Auch Eiben, die ebenfalls jetzt im März am Üetliberg blühen, sind zweihäusig. Im Gegensatz zum Bingelkraut setzen sie für die Bestäubung nicht auf Insekten, sondern, wie bei Nadelbäumen üblich, auf den Wind. Der Wind vermag ihren federleichten Pollen über weite Strecken zu tragen, bis dieser schliesslich an der klebrigen Narbe einer weiblichen Eibe haften bleibt.

Ich lausche in den Wald. Zu den mir vom Winter her bekannten Vogelstimmen haben sich in den letzten Wochen neue hinzugesellt. Das rhythmische Rufen der Ringeltaube etwa, die den Winter in West- oder Südwesteuropa verbracht hat. Das Trillern der Blaumeise. Die Blaumeise lebt zwar ganzjährig in der Schweiz und singt schon ab Januar, doch habe ich sie dieses Jahr am Üetliberg noch nie gehört. Von der Stadt her dringt das Geläut von Kirchenglocken herauf, die ihr Finale beginnen. Bald wird es zehn Uhr schlagen.

Wie von mir befürchtet, liegt im oberen Teil des Hanges Schnee, und je höher ich steige, desto mehr verblassen die Farben, bis nur noch Schwarz und Weiss übrig sind. Die Kirchenglocken sind verstummt. Einmal horche ich auf, irgendwo trommelt ein Specht, aber ich kann ihn nicht entdecken. Dann noch ein letzter Gruss der Frühlingswelt, der Huflattich reckt seine gelben, zotteligen Köpfchen aus dem Schnee der Sonne entgegen. Gleich darauf schieben sich dunkle Wolken vor die Sonne. Hier oben hat der Winter die Welt fest im Griff, alles Leben ist unter dem Neuschnee begraben. Tiefes Schweigen liegt über dem Wald. Kein Vogel singt. Die einzigen Geräusche, die in dieser Winterwelt zu mir dringen, sind das Knirschen des Schnees unter meinen Sohlen und das Säuseln des Windes an meinem Ohr.

Ich frage mich, was mit den Vögeln geschehen sein mag, die hier ihre Reviere besitzen. Sind sie etwa alle vor dem Schnee bergab geflohen, oder ist ihnen bei Kälte einfach nicht nach Singen? Für die Nahrungssuche gibt der Frühlingswald unten bestimmt mehr her.

Tatsächlich konnten Studien zeigen, dass Vögel weniger singen, wenn es für die Jahreszeit unüblich kalt ist (oder auch wenn es regnet). Sonst aber steuert hauptsächlich die Tageslänge ihren Gesang.

Ein gellender Schrei zerreisst die Stille, die nahende Üetlibergbahn kündigt sich, begleitetet von Quietschen und Rattern, an. Vier Mountainbiker bewegen sich auf mich zu und quälen sich durch den Schnee. Einer von ihnen hat den Kampf aufgegeben und schiebt sein Rad schimpfend bergan. Derweil stapfe ich zufrieden den Waldrand entlang durch das Weiss, meiner Kamera wegen auf der Suche nach Spitzahorn- und Stieleichenknospen, und freue mich wie ein Kind, als ich sie schliesslich entdecke.

Sonntag, 6. März 2016

Bergauf

Ein Baumläufer! Erst wenige Schritte bin ich von der SZU-Haltestelle Triemli Richtung Üetliberg gegangen, da erspähe ich ihn. Was für ein Glück. Flink klettert der Baumläufer den Baumstamm hoch, auf der Suche nach Insekten und Spinnen. Fliegt gleich wieder nach unten an eine andere Stelle desselben Stammes, huscht wieder hoch, lässt sich wieder seitlich fallen, ein ums andere Mal. Dann wechselt er den Baum.

Ein Baumläufer klettert an Stämmen immer nur bergauf – im Gegensatz zum Kleiber. Dabei stützt er sich auf seine Schwanzfedern und stochert mit dem Schnabel in den Ritzen der Baumrinde nach Nahrung. Ob es sich um einen Garten- oder Waldbaumläufer handelt, vermag ich nicht zu sagen, denn die zwei Arten gleichen sich wie ein Ei dem anderen: feiner, gebogener Schnabel, rindenfarbene Tarnung oberseits, Leichtgewichte. Ihr Gesang aber unterscheidet sich. Die Strophe des Gartenbaumläufers klingt für mich wie «(Na) Freund, wohin gehst du?» oder «(Na) Freund, wohin gehst denn du?» Gerade gestern habe ich sie wieder vernommen, mitten im Herzen von Zürich.

Im Wald ist trotz des trüben Wetters viel Betrieb. Erste Bärlauch-Sammler durchstreifen das Unterholz, Adrenalinjunkies stürzen sich auf ihren Mountainbikes den Trail hinab und Sonntagswanderer wie ich spazieren bergauf. Dabei tost und braust der Wind, schwillt abwechselnd an und ab, wütet zunehmend zornig, ein Höllenlärm. Bei jeder Böe neigen sich die Bäume bedrohlich der Erde entgegen und ich beschleunige meinen Schritt. Gewöhnlich ist die Ostseite des Üetlibergs windgeschützt, doch heute herrscht Bise. Der Wind wirbelt das Laub auf und lässt es hoch fliegen, vielmehr tanzen. Ich kneife meine Augen zusammen und senke den Kopf, damit der aufgewirbelte Staub keine Chance hat, unter meine Kontaktlinsen zu geraten.

Ein paar Schritte hinter der Krete lässt der Lärm nach. Ich atme auf.

Zu den Huflattichen von letzter Woche sind weitere gestossen. Zu Dutzenden sind sie in den letzten Tagen aus dem Boden geschossen und präsentieren ihre Köpfchen. Solch ein Köpfchen setzt sich aus Hunderten von winzigen Einzelblüten zusammen – auch wenn es auf den ersten Blick eine einzige Blüte zu sein scheint. Dass, wie beim Huflattich, viele kleine Blüten eine grosse Blüte vortäuschen, ist typisch für Körbchenblütler. Im Falle des Huflattichs bilden röhrenförmige Blüten die Köpfchenmitte und zungenförmige die äusseren Fransen. Seine Röhrenblüten sind männlich, seine Zungenblüten weiblich. Um Selbstbefruchtung zu vermeiden, blühen die weiblichen äusseren Blüten eines Huflattichkörbchens früher als die männlichen in der Mitte. Diese Strategie wird auch Proterogynie (Vorweiblichkeit) genannt. Sie ist bei Blumen verbreitet.

Für einmal will ich ganz nach oben und schlage den Schlittelweg ein. Kein Mensch ist hier unterwegs. Mit meinen Wanderschuhen komme ich im Schneematsch kaum voran – für jeden Schritt, den ich vorwärts schreite, gleite ich einen halben zurück. Bald bin ich nassgeschwitzt. Kurz vor der Endhaltestelle der Üetlibergbahn flankiert eine männliche Eibe den Weg, ihre prall gefüllten Pollensäcke stäuben, als ich sie berühre.

Ein Zug fährt ein. Die Türen der Bahn öffnen sich und Massen von Stadtmenschen strömen hinaus. Gipfelstürmer eilen mit Fotoapparaten um den Hals bergauf. Andere verharren noch unschlüssig, studieren erst einmal die Wegweiser. Eine Familie aus Indien streckt ihre Hände lachend in den Schnee und formt das nasse Weiss zu Kugeln. Ihre Gesichter strahlen. Dahinter dreht sich das Karussell mit einem einsamen Kind im Kreis. Zwei Buben jagen sich über die Hängebrücke des Spielplatzes, der eine bringt den anderen zu Fall und steigt rücksichtslos über ihn hinweg – so viel zur menschlichen Natur.

Sonntag, 13. März 2016

Abendlied

Ein einsames Rotkehlchen singt sein Abendlied. Glasklar dringt der perlende Gesang zu mir, die ich in Aahausen auf den Zug nach Zürich warte. Melodiös und absolut rein fliessen die hohen Töne. Langsam, langsam setzt die Dämmerung ein.

Scheint es nur so, oder singen Vögel am frühen Morgen und Abend besonders intensiv? Und, wenn ja, warum?

Im Internet werde ich fündig. Ich habe die Qual der Wahl, was die Erklärungsversuche anbelangt. Ein bunter Strauss.

«Die Vögel begrüssen und verabschieden den Tag», klingt zwar hübsch, aber naiv. Tagsüber fehlt womöglich ganz einfach die Zeit für ununterbrochenes Singen: Insekten müssen gejagt, Nüsse und Beeren gepickt, Nester gebaut und Jungvögel gefüttert werden. Oder macht ein Vogelmännchen mit seinem Dämmerungsgesang klar, dass es die Nacht respektive den Tag überlebt hat und sein Revier weiter besetzt hält? Verkündet es laut: «Ich bin noch da, mit mir ist weiter zu rechnen!»

Vielleicht unterliegen wir auch einer Täuschung und unser Geist, tagsüber mit anderen Dingen beschäftigt, blendet Vogelgesang aus. Oder kann den Gesang nicht wahrnehmen, vor dem Hintergrund hupender Autos, ratternder Baumaschinen und lärmender Menschen. Denn natürlich singen Vögel auch am Tag, wie sich bei einem Spaziergang in der Natur leicht feststellen lässt.

Und doch: Am frühen Morgen singen Vögel besonders lang, stellen Experten fest. Manche Arten, wie das Rotkehlchen, auch abends. Beim Rotkehlchen könnte die in der Dämmerung erhöhte Luftfeuchtigkeit ausschlaggebend sein, weil diese seine Gesangsaktivität stimuliert.

Der Zug fährt quietschend ein. Ich halte mir die Ohren zu und verabschiede mich von meinem Lieblingssänger – gute Nacht.

Donnerstag, 17. März 2016

Zur Stadtoase

Der Frühling hat Zürich erobert. Zum ersten Mal in diesem Jahr trage ich meine Lederjacke – die blaue Daunenjacke habe ich, pünktlich zum meteorologischen Frühlingsbeginn, in den Estrich verbannt. Ein neues Lebensgefühl.

Mein Partner und ich sind nicht die Einzigen, die den Frühling feiern. Die ganze Stadt drängt nach draussen, und die Strassencafés sind, obwohl heute Freitag ist, bis auf den letzten Platz besetzt. Kindergartenkinder graben mit ihren Schaufeln im Kies, ohne Jacke, ohne Schal, eines sogar im Kurzarm-T-Shirt. Die Fritschiwiese hat sich in eine einzige gigantische Spielwiese verwandelt: Kinder tollen ausgelassen auf ihr herum, während Väter und Mütter am Rand der Wiese dösen.

Wo auch immer ich hinschaue, überall erwachen die Gehölze und öffnen ihre Knospen, die einen langsam, die anderen schnell. Die Kornelkirsche blüht bereits. Ihre hellgelben Blütendolden markieren unseren Weg, sie wird in Städten gerne als Hecke gepflanzt. Zwischen den Häusern, auf den Wiesen, fluoreszieren «Avatar-Primeln» – die natürlich nicht so heissen, mich aber mit ihrem neongelben Leuchten, gerade in der Dämmerung, stets an den Film erinnern.

Beim Friedhof Sihlfeld staune ich über den Blütenteppich zu unseren Füssen. Neben Primeln in allen Farben zeigen sich Blausterne, zarter, blauer Ehrenpreis und dunkelviolette Veilchen. Die weissen Sterne der Buschwindröschen und das glänzende Gelb des Scharbockskrauts kontrastieren wunderbar dazu.

Ein Strauch, der komplett von Efeu überwuchert, ja, geradezu erdrückt wird, sticht mir ins Auge. Zwei Vögel picken die Beeren vom Efeu und hüpfen von Zweig zu Zweig.

Unzählige Ammenmärchen ranken sich ums Efeu. Es heisst, Efeu würde selbst ausgewachsene, stattliche Bäume ersticken, erdrosseln, aushungern und erdrücken. Fast nichts davon ist wahr. Als Kletterpflanze nutzt Efeu seinen Wirtsbaum lediglich, um in die Höhe zum Licht zu gelangen. Mit Wasser und Nährstoffen versorgt es sich selbst. Es ist, anders als die Mistel, kein Schmarotzer. Für Bienen und Insekten stellt Efeu eine wichtige Nektar- und Pollenquelle dar, weil es spät im Herbst blüht, als eine von wenigen Pflanzen. Und seine schwarz-blauen Beeren, die Ende Winter reifen, fressen Amseln und Drosseln gerne.

Efeu wächst bei Bäumen hauptsächlich den Stamm entlang und an den stärksten Ästen. Hier nimmt es den Baumblättern kein Licht weg. Kleinere Bäume und Sträucher aber, wie denjenigen hier im Friedhof Sihlfeld, kann es samt der Blätter tragenden Zweige überwuchern. Und dann wird es wegen des Ausdunkelns tatsächlich zum Problem.

Auf einer Sonnenbank lassen wir uns nieder. Eine halbe Stunde vergeht, keiner von uns spricht. Einmal schieben drei Frauen ihre Velos quer über die Wiese und setzen sich ins Gras, ein andermal gehen zwei Italienerinnen lebhaft gestikulierend und angeregt sprechend im Zeitlupentempo an uns vorbei, sonst bleibt es still. In der Ferne rauscht der Verkehr. Er scheint weit, weit entfernt. Eine Amsel singt ihre Melodie mit immer neuen Variationen. Dass es eine Amsel ist, weiss ich, weil sie die Töne nie lupenrein trifft, sondern sich sozusagen halbtonartig an sie herantastet. Im Hintergrund melden sich abwechselnd Buchfink, Kohl- und Tannenmeise zu Wort. Ein leises Knacken und Knistern, das ich nicht zuordnen kann, beschäftigt meinen Geist – in meiner Fantasie bricht mit jedem Knacken eine Knospe auf.

Die Sonne scheint auf mein Gesicht. Es ist warm, ich fühle mich weit und leicht. Eine Oase der Ruhe und des Friedens in dieser lauten Stadt.

Hier möcht ich einmal liegen, wenn ich nicht länger bin.

Freitag, 18. März 2016

Die Erde von oben

Das ganze Alpenpanorama liegt vor uns – ein traumhafter Flug. Wie hypnotisiert starre ich aus dem Fenster des Airbus 320 nach Wien, denn ich sehe die Alpen aus dieser Perspektive zum allerersten Mal. Bis zu einem Flugangstseminar vor einem Jahr wagte ich nie, in die Tiefe zu blicken.

Was ich sehe, sind nicht Berggipfel hinter Berggipfeln, wie ich erwartet hätte, sondern ist vielmehr eine Decke aus Sedimentgestein, abgelagert im Urmittelmeer Tethys, die einst unter dem Druck gewaltiger Kräfte zerbarst, als Afrika und Europa kollidierten, und deren Bruchstücke und Splitter wild auf- und übereinandergestapelt wurden. Ein einziges Durcheinander an Gestein, das sich bis weit hinter den Horizont fortsetzt.

Auf dem Anschlussflug nach Thessaloniki dann Flüsse. Mäander um Mäander ziehen sie sich endlos durch Ebenen dahin. Hier darf ein Fluss noch Fluss sein, ohne in ein vorgefertigtes Bett gezwungen zu werden.

Verrückt, wie deutlich diese geologischen Phänomene aus der Vogelperspektive und mit etwas Distanz zu erkennen sind.

Blenden wir zurück: Vor 100 Millionen Jahren liegt die Schweiz im nördlichen Teil des Urmittelmeers Tethys, zwischen Ur-Europa und Ur-Afrika. Auf dem Meeresgrund haben sich Sedimente abgelagert. Feste, dicke Schichten von Sand-, Ton- und Kalkstein bedecken ihn. Dann driftet Afrika auf Europa zu – die Platten kollidieren. 700 bis 800 Nord-Süd-Kilometer werden auf 100 bis 150 Kilometer zusammengestaucht. Ein Teil der Sedimente und des Meeresuntergrunds wird zwischen den Plattengrenzen ins Erdinnere versenkt, der grössere Teil aber zersplittert unter dem gewaltigen Zusammenschub. Sedimentdecken werden von ihrem Untergrund abgeschert, verfrachtet, alles wird übereinandergestapelt. Die Alpen, wie sie sich mir heute von oben präsentieren, türmen sich auf.

Was für ein Anblick! Mein Herz schlägt bis zum Hals.

Sonntag, 20. März 2016

Unfassbar

«Fahr da rechts rein, in diese Strasse, die den Hügel hinaufführt», rufe ich meinem Partner zu, «vom Hügel haben wir bestimmt einen wunderbaren Blick auf den Olymp.» Gehorsam blinkt mein Partner, biegt ab, fährt ein paar Meter weiter – und tritt heftig auf die Bremsen.

Hinter einem Erdwall verborgen drängen sich mehrere hundert weisse Zelte, dicht an dicht. Schlaff und traurig hängt der Zeltstoff herab. Gestalten schlurfen, Plastikbecher in ihren Händen.

Wir starren.

Kleider und Tücher trocknen auf vergitterten Zäunen rund um die Zelte und auf Wäscheleinen, die kreuz und quer gezogen sind. Der Wind löst schwarz-, rot-, blau-karierte Tücher und trägt sie zu einem Graben, wo er sie niederwirft.

Ein Polizeiwagen fährt uns entgegen. Wir setzen zurück – und wenden.

Dienstag, 22. März 2016
(Flüchtlingscamp in Nordgriechenland)

Meteora

Eine Landschaft, die dermassen surreal ist, dass sie direkt einem Fantasyfilm entsprungen sein könnte: Meteora. Sattgrünes Moos bedeckt die Kuppen rötlich-grauer Felsensäulen, die hoch in den Himmel ragen, Felsen neben Felsen umrahmen das ganze Tal. Düstere Wolken schwärzen den Himmel und verhüllen Teile der Säulen, sodass ihre Kuppen zeitweise in der Luft zu schweben scheinen. Der Name Meteora entstammt denn auch nicht ohne Grund dem Wort «meteoros», was «in der Luft hängend / schwebend» bedeutet. Wind und Wetter haben aus der ehemaligen Sedimentendecke eines Binnenmeers im Verlaufe von zehn Millionen Jahren die fantastischen Figuren geformt, die wir heute bestaunen. Haben Ecken und Kanten rundgeschliffen und hunderte Höhlen ausgewaschen.

Wind und Wetter machen auch uns zu schaffen. Trotz Regen marschieren wir los – zum Glück lässt er bald nach –, um das nächstgelegene Kloster Moni Agiou Nikolaou zu besichtigen, das, wie alle Meteora-Klöster, hoch auf einem Felsen thront. Einst bildeten die Klöster eine Art Stadt, auch wenn sie untereinander nur durch Leitern und Seilzüge verbunden waren. Denn von jedem Kloster hatte man mindestens ein anderes, oft sogar mehrere Klöster im Blick. Eine Wolkenstadt. Es ist unbegreiflich, wie es den ersten Mönchen gelang, die senkrechten Felswände zu erklimmen und das Material für den Bau der Klöster hinaufzuschaffen.

Der Weg zum Moni Agiou Nikolaou führt uns durch dichten, von Eichen dominierten Wald. Das helle Grün seiner jungen Triebe und Blätter harmoniert perfekt mit dem Gelb der Eichenblüten, die wie gehäkelte Schnüre herunterhängen. Eingestreut in den Wald sind Ulmen, ich erkenne sie an ihren Büscheln rötlichgelber, flach-ovaler Früchte.

Zwischen den Eichenblättern entdecke ich gewellte Blätter mit doppelt gesägtem Rand. Sie gleichen denen unserer Hainbuche *Carpinus betulus* aufs Haar. Nur besitzen die zu den Blättern gehörenden Stämme eine grobe Borke und weisen keine weisse

Zeichnung auf. Deshalb schliesse ich, dass es sich um die Hopfenbuche *Ostrya carpinifolia* handeln muss – der Zusatz *carpinifolia* bedeutet «Blätter wie *Carpinus*». Die Hopfenbuche kommt in der Schweiz fast nur im Tessin vor.

Im Unterholz wachsen Stechpalme und Mäusedorn, auch dieser gedeiht in der Schweiz vor allem im Tessin. Mit ihren stachelig gezähnten respektive zugespitzten Blättern wehren sich die beiden Arten erfolgreich gegen Frass.

Viele der Vogelstimmen, die wir beim Aufstieg vernehmen, sind mir aus der Schweiz vertraut. Da ist das Rotkehlchen, das zuoberst auf einer jungen Hopfenbuche sitzt und unentwegt singt, lange lauschen wir seinem Gesang. Da sind der Buchfink, der Zilpzalp, das Sommergoldhähnchen, ja, der Gartenbaumläufer auch – alle sind sie unverkennbar. «Ein richtiges Vogelparadies», meint mein Partner, und ich stimme ihm lebhaft zu.

Im Wald wimmelt es von Eichelhähern, mit ihrer Grösse und ihren hellblauen Federn fallen sie augenblicklich auf. Seinen Namen trägt der Eichelhäher deshalb, weil er sich gerne in der Nähe von Eichen aufhält und ihre Früchte als Nahrungsvorrat für den Winter sammelt. Die Eicheln transportiert er dabei in seinem Kropf. Jeden Herbst hortet er bis zu fünfzehn Kilogramm an Eicheln und Nüssen, die er in Erdlöchern und unter Wurzeln verbirgt. Einzeln, oder zu wenigen zusammen. Bei einer so grossen Menge an Verstecken versteht es sich von selbst, dass er ab und zu eines vergisst. Und damit zur Verbreitung der Eichen beiträgt – seiner Lebensgrundlage. Womit er den Kreislauf schliesst.

Endlich durchschreiten wir die steinerne Klosterpforte. Behutsam entzünde ich eine Kerze und stecke sie tief in den Sand. Auch wenn ich gewöhnlich mit Kirchenkunst nicht viel anfangen kann, überwältigt mich doch die Farbenpracht der winzigen, über und über mit Bildern bemalten Kapelle so sehr, dass ich in ehrfürchtiger Stille verharre – und beim Blick in die Kuppel den Himmel zu berühren glaube.

Mittwoch, 23. März 2016

Von Maul- und anderen Eseln

Wie nur ist es möglich, dass ein Paar sich ob der Frage, in welchem Restaurant zu Mittag gegessen werden soll, dermassen in die Haare gerät, dass für den Rest des Tages dicke Luft herrscht und sich die Spannung immer wieder in kleinen Explosionen entlädt? Ein Tag zum Vergessen. Gestern. Auch sonst ein schwieriger Tag. Bei vier Grad, Regen und Schneegraupel sind wir, die Faserpelzkragen hochgestellt, die Fäuste in den Goretexjacken verborgen, zum Meteora-Kloster hochgestiegen, das im Bond-Film «For your eyes only» einen Auftritt hatte. Im strömenden Regen nach Volos am Meer gefahren, wo wir weiterfroren. Zur Einsicht gelangt, dass es unklug ist, am Nationalfeiertag der Griechen ein Hotel suchen zu wollen, ohne im Voraus reserviert zu haben. Dann doch noch fündig geworden, im Hotel Jason, an dem nichts auszusetzen war, ausser die für fünf Grad Aussentemperatur viel zu dünne Bettdecke. So habe ich mich denn im Faserpelz durch die Nacht gefroren, mich an meinen Partner geklammert, hin und her gewälzt.

Aber heute, heute ist ein neuer Tag.

Die Halbinsel Pelion, an der Volos liegt, gilt dem Mythos nach als die Heimat der Zentauren – Kreaturen halb Mensch, halb Pferd. Sie wurde, als eine von wenigen Gegenden Griechenlands, nie von den Türken erobert. Zu schroff die Felsen, zu hoch die Berge.

Von Kala Nera im südwestlichen Pelion, wo wir auf Anhieb ein Zimmer finden – mit Heizung und warmer Decke wohlverstanden –, wandern wir auf Säumerwegen ins Bergdorf Milies. Mit der Sonne kehrt auch unsere Energie zurück. Der Weg schlängelt sich durch Olivenhaine bergauf. Silberne Blattunterseiten glitzern im Wind, wohin ich auch schaue, und unter den Bäumen leuchten Mohnblumen rot. In der Ferne das Blau des Meers. Schön.

In den knorrigen Stämmen der Olivenbäume vermeine ich Gesichter zu erkennen. Augen, die uns betrachten oder zusammengekniffen sind, Münder, die zum Sprechen ansetzen, Nasen und Ohren dazu. Fast erwarte ich, dass sich die uralten Wesen mit ihrem struppigen Haarschopf in Bewegung zu setzen beginnen wie die Ents in «Herr der Ringe».

Olivenbäume werden sehr, sehr alt. Auch wenn sie in ihrer Jugend nur langsam wachsen. Die ältesten bekannten Individuen haben mehr als tausend Jahre auf dem Buckel – eine unvorstellbare Zahl.

Bald passieren wir ein junges Pärchen, das am Wegrand rastet. Wir grüssen die beiden freundlich und sie grüssen freundlich zurück. Bei einer Weggabelung werweissen wir, welche Richtung wir einschlagen sollen, denn, anders als versprochen, können wir nirgends rote Punkte entdecken. Suchend beugen wir uns über die Wanderkarte – nur leider ist die Verzweigung auf der Karte nicht verzeichnet. Da holt uns das Pärchen ein. Gemeinsam entscheiden wir uns für die einfachste Variante, nur immer weiter geradeaus, eine Entscheidung, die sich als richtig herausstellt.

Hinter einer Wegbiegung treffen wir unvermutet auf einen mit Ästen beladenen Maulesel, der vor uns den Pfad entlang geht. Er bewegt sich auf den unebenen Steinen so geschickt, dass es uns nicht gelingt, den Abstand zu verringern, so sehr wir ihm auch nacheilen. Das dicke Bündel auf seinem Rücken versperrt den Blick nach vorn, aber für einen kurzen Moment, nach einer Kurve, erspähe ich einen zweiten Maulesel, auf dem ein Bauer seitlich sitzend reitet, wie es seit Urzeiten in Griechenland Brauch ist. Während ich noch versuche, meinen Partner auf den Reiter aufmerksam zu machen, ist dieser schon entschwunden – und mit ihm sein Begleiter.

Auf der Platia von Milies, dem Dorfplatz, ist einiges los. Ausflügler und Wanderer strömen von überall her, der Parkplatz platzt aus allen Nähten und durch die enge Dorfstrasse zwängt sich ein Reisecar, der sich, Zentimeter für Zentimeter, vorwärts tastet und alles blockiert. Laut wird gehupt.

Im Garten unseres Hotels dann döse ich, vom Wandern ermüdet, vor mich hin. Da dringt plötzlich eine Vogelstimme zu mir, die mir irgendwie vertraut vorkommt, die ich aber nicht gleich zuordnen kann. Es ist eine hektische Stimme in hoher Tonlage, die zwischendurch ein bisschen quietscht.

«Zitronengirlitz», denke ich, und gleich darauf «Was bin ich doch für ein Esel!», denn ein Stieglitz (Distelfink), unverkennbar mit seiner bunten Gesichtsmaske und seinen gelben Flügelbinden, sitzt mir gegenüber auf einem Busch und singt.

Sonntag, 27. März 2016

Der Stieglitz
Stieglitze ernähren sich fast ausschliesslich von halbreifen und reifen Samen, die sie mit ihrem Schnabel aus Fruchtständen klauben. Dabei hängen sie mitunter kopfüber. Am besten schmecken ihnen Körbchenblütler, besonders Disteln – daher rührt auch der Name Distelfink. Im Winter greift der Stieglitz auf Samen von Bäumen zurück.

Im Gegensatz zu den meisten anderen Singvögeln verteidigt der Stieglitz nur die unmittelbare Umgebung seines Nestes und kennt kein eigentliches Revier. Er ist gesellig, futtert und schläft oft in der Gruppe.

In Deutschland hat sich sein Bestand seit 1990 praktisch halbiert, weil wichtige Futterpflanzen verschwanden: Die Landwirtschaft wurde zunehmend intensiviert und viele Brachen schwanden.

Zugerberg

Fünf Mountainbiker schieben ihre Bikes in die Standseilbahn Schönegg-Zugerberg, Hanya und ich hingegen schlagen den Wanderweg ein. Trotz gleichem Ziel. Wir werden sie wiedersehen.

Ein dichter Teppich aus Buschwindröschen und Bingelkraut säumt unseren Weg, eine Forststrasse. Bald zweigen wir ab in einen Pfad, der den Hang hochklettert. Hier wachsen Nadelbäume, Farne und Hainsimsen. Wieder und wieder vernehme ich den Gesang eines Sommergoldhähnchens – ein Vögelchen mit gold-orangem Mittelstreif auf dem Kopf, das sich nicht gerne zeigt. Es muss wohl gerade erst aus Südfrankreich, Spanien oder Nordafrika, wo es den Winter verbringt, zu uns zurückgekehrt sein. Wieder und wieder bleiben wir stehen und versuchen, es im Geäst zu entdecken. Es verbirgt sich einfach zu gut. Die feine, hohe Stimme des Sommergoldhähnchens steigt jeweils nur etwas an und bricht dann ab, bevor sie neu beginnt. Die Melodie des Wintergoldhähnchens hingegen, die wir weiter oben am Hang ein einziges Mal hören, steigt stetig auf und ab.

Mit gerade mal vier bis sieben Gramm zählen Goldhähnchen zu den kleinsten Vögeln Europas. Anders als das Sommer- trotzt das Wintergoldhähnchen Schnee wie Frost und verweilt das ganze Jahr über bei uns. Damit es seine Körperfunktionen im Winter aufrechterhalten kann, auch bei grosser Kälte, muss es jeden Tag Nahrung im Umfang des eigenen Körpergewichts aufnehmen. Rund 90 Prozent eines Wintertages verbringt es mit der Nahrungssuche. Unermüdlich flattert und hüpft es die Äste entlang und sucht sie nach kleinsten Insekten ab, die es mit seinem Schnabel aufpickt. Eine Wahnsinnsleistung.

Auf dem Zugerberg treten wir aus dem Wald – und treffen auf die Mountainbiker, die ihre Bikes unten in die Standseilbahn schoben. Lässig stehen sie herum und schwatzen. Mit einem «Let's go, Jungs!» stürzen sie sich alsdann den Weg hinab, den wir hinaufgegangen sind, und wir schütteln nur den Kopf, würde es uns doch, Mountainbikerinnen beide, nie in den Sinn kommen, bergauf die Bahn zu nehmen.

Das Moor liegt braun und tot vor uns. Erst vor kurzem ist der Schnee hier oben gewichen, mancherorts finden sich noch weisse Flecken. Arbeiter sind damit beschäftigt, die bunten Holzstangen einzusammeln, die in der weissen Jahreszeit Winterwanderweg und Langlaufloipe markierten. Auf den angrenzenden Wiesen ist das Leben bereits erwacht. Ein Miststock, der malerisch in der Landschaft steht, zieht meinen Blick auf sich, und im Hintergrund klettern Landmaschinen die Hänge unermüdlich hoch und nieder. Aus dem Dunst grüsst die Königin der Berge zu uns herüber.

Um den Pfaffenboden, wo wir einkehren wollen, zu erreichen, müssen wir uns regelrecht gegen den Wind stemmen. Von Süden her stürmt er über die Kuppen, zerzaust uns das Haar, durchkämmt das Gras und verschluckt alle Worte. Umgekehrt verschlucke ich einmal auch den Wind, als ich den Mund zum Reden öffne. Laut lachen wir heraus, wer hat denn schon einmal etwas von einer Windschluckerin gehört.

Zurück läuft es sich mit Rückenwind leicht. Von Luftstössen gestossen und geschoben springen wir fröhlich bergab – Hanya im schwarzen Gilet und ich in meiner knallgrünen Jacke –, während die Spaziergänger, die uns entgegenkommen, sichtlich zu kämpfen haben. Eine Frau, die ihre Jacke um den Kopf gebunden hat, segelt schier in der Luft.

Bald führt der Wanderpfad durch Birkenwald und Heidelbeergebüsch, letzteres ist im Winter an den grünen, geflügelten Zweigen einfach zu erkennen. Birke wie Heidelbeere weisen auf den sauren Untergrund des nahen Moores hin. Ein dunkelbraunes Bächlein sprudelt aus dem Moor und weitet sich zu einem Teich – Idylle pur. Ausser uns ist hier keine Menschenseele unterwegs.

Während ich erzähle, wie ich im Griechenland-Reiseführer versehentlich «Jason und die Astronauten» gelesen und für eine

Rockgruppe gehalten hatte, während es doch eigentlich «Iason und die Argonauten» hiess und griechische Mythologie betraf, kehren wir zum Zugerberg zurück. Wir schnappen holländische und englische Wortfetzen auf und beim Abenteuerspielplatz ist die Hölle los.

Kaum haben wir denn auch die Standseilbahn Zugerberg–Schönegg betreten, erobert eine Horde kleiner Kerle unter lautem Geheul und Geschrei unser Abteil und nimmt davon Besitz.

Bikes sehen wir keine.

Samstag, 2. April 2016

Stadtbewohner

Schmale feuerrote Käfer mit schwarzen Flecken wuseln auf dem Gehsteig umher. Sie ziehen meine Aufmerksamkeit auf sich, kaum bin ich aus dem Haus getreten. Was das wohl für welche sind?

Beim Recherchieren stosse ich auf die Gemeine Feuerwanze. Und muss erst einmal nachschlagen, wodurch sich Wanzen von Käfern unterscheiden: Käfer beissen und kauen, Wanzen hingegen saugen.

Die Gemeine Feuerwanze mag sonnige Plätzchen am Fusse von Linden und Malven. Mit Hilfe ihres Stechrüssels saugt sie die herabgefallenen Linden- und Malvensamen aus, hin und wieder auch tote Insekten. Mit ihrer Warnfärbung macht sie Fressfeinden klar, dass sie widerwärtig schmeckt. Denn fühlt sie sich bedroht, sondert sie eine Substanz ab, die unangenehm riecht und manche Insekten lähmt. Wir Menschen interessieren sie nicht. Es gibt also keinen Grund, sich vor ihr zu gruseln.

Den Winter übersteht die Gemeine Feuerwanze im Boden. Sie ist standorttreu – Jahr für Jahr lässt sie sich am selben Ort beobachten, wie sie, ab etwa Mitte März, aus Löchern und Ritzen krabbelt und sich sonnt, wobei sie ausgesprochen gesellig ist.

Es ist richtig warm, sommerlich schon fast, T-Shirt-Wetter. Überall spriessen Hainbuchenblätter, überall lachen Menschen. Im Grunde genommen, geht es mir durch den Kopf, gleicht das Verhalten der Menschen dem der Feuerwanzen: Auch sie kriechen im Frühling aus allen Löchern, auch sie suchen Sonne und Geselligkeit.

Sonntag, 3. April 2016

Flügelballett

Die Elster zählt nicht zu meinen Lieblingsvögeln. Ihr Keckern ist mir zu laut, ihr Gehabe zu aggressiv, ständig hüpft sie im Garten umher. Doch sie kann auch anders, stelle ich heute fest.

Flügelschwingen fächern, graziös, so rasch, dass ich ihnen mit den Augen kaum folgen kann. Flaggen nennt man das, erfahre ich später. Das Elsternpaar steht mitten auf dem Gehsteig und versperrt mir den Weg. Ein Flügel-Ballett. Ich halte den Atem an. Das Schwarz und Weiss des Gefieders beginnt zu zerfliessen und geschwungene Formen entstehen vor meinen Augen. Das Männchen krächzt fein und hoch.

Der magische Moment ist vorbei, die beiden fliegen weg.

Mein Weg ist wieder frei.

Elstern bleiben ihrem Partner bis ans Lebensende treu[3], lese ich abends nach. Wer hätte das gedacht? Von diesen lauten Keckern?

Samstag, 9. April 2016

---

[3] Elstern sind nicht nur treu, sondern auch überaus intelligent, erfahre ich später. Sie erkennen sich im Spiegel – eine intellektuelle Leistung, die sonst Menschen, Schimpansen, Orang Utans, Elefanten und Delfinen vorbehalten ist.

Jakobsweg

«Luegeten» heisst die Haltestelle, bei der wir aus dem Postauto steigen, Barbara, eine Freundin aus Luzern, und ich. Von hier fällt der Blick auf den Zürich- und den Obersee, die in der Sonne glitzern – wir aber wollen auf dem Jakobsweg bergauf wandern, nach Einsiedeln.

Auf der Wiese am Waldrand pflückt Barbara junge Löwenzahnblätter und reicht mir eines zum Kosten. «Gar nicht schlecht», muss ich zugeben, «nur ein wenig scharf, für meinen Geschmack.»

Bald nach Luegeten verschwindet der Weg im Wald und passiert die violette Fingerblättrige Zahnwurz. Im Schatten der Bäume schimmern kleine weisse «Glöckchen»: Waldsauerklee. Der Waldsauerklee ist ein Schattenkünstler und verträgt nur wenig Licht. Weniger als ein Prozent Tageslicht genügt ihm zum Wachsen. Wird es ihm zu hell, verkleinert er die Oberfläche seiner Blätter, indem er sie faltet. Dabei legt er die Blattunterseiten mit den Spaltöffnungen aneinander – Verdunstung minimiert. Ist es hingegen dunkel, so breitet er seine Blätter aus, um möglichst viel Licht einzufangen.

Eine kluge Lösung für ein existenzielles Dilemma, in dem Pflanzen stecken: Verhungern oder Verdursten.

Für die Photosynthese benötigen Pflanzen Licht, Wasser und Kohlendioxid. Das Kohlendioxid nehmen sie aus der Luft über Spaltöffnungen auf, die sich (meist) auf der Unterseite von Blättern befinden. Eine Spaltöffnung, auch Stoma genannt, wird jeweils von zwei bohnenförmigen Schliesszellen gebildet. Öffnet eine Pflanze ihre Stomata, um Kohlendioxid aufzunehmen, verliert sie gleichzeitig auch Wasser, durch Verdunsten. Deshalb können Stomata nicht ständig offenstehen. Entscheidend für das Öffnen und Schliessen ist der Wassergehalt der Schliesszellen. Bei hohem Gehalt stehen die Spaltöffnungen offen, bei tiefem nicht. Wie bei einem Veloschlauch, der mit Flüssigkeit gefüllt wird, bilden die Schliesszellen einen prallen Ring mit einem Loch in der Mitte (das offene Stoma). Wird das Wasser entzogen, «ausgeleert», berühren sich die Innenflächen der Schliesszellen, der «Veloschlauch» hängt schlaff nach unten (geschlossenes Stoma).

Bei heissem und trockenem Wetter, und auch bei Wind, verdunstet besonders viel Wasser. Die Pflanze muss dann über kurz oder lang ihre Stomata schliessen. Auch wenn das bedeutet, dass sie, trotz Sonne, keine Photosynthese betreiben kann. Um die Verdunstung möglichst gering zu halten, hat die Evolution die Spaltöffnungen bei vielen Pflanzen tief ins Blatt eingesenkt. Manche – etwa der Olivenbaum – haben zusätzlich Haare entwickelt, die vor Wind schützen und an denen das verdunstete Wasser kondensiert. Und so zurückgewonnen wird. Wieder andere sind in der Lage, ihre Blätter zu rollen oder zu falten und die Stomata aneinanderzulegen – wie eben der Waldsauerklee.

Über einen Wurzelpfad steigen wir bergan, bis ich über das Wechselblättrige Milzkraut stolpere. Es kommt ganz ohne Blütenblätter aus. Seine Bestäuber, Fliegen und Käfer, lockt es mit gelb gefärbten Hochblättern und Kelchblättern an. Und belohnt sie mit Nektar in der Blütenmitte.

An manchen Stellen ist der Waldboden von Zapfenschuppen bedeckt, die Schuppen liegen wild zerstreut. Dazwischen finden wir Spindeln von Zapfen, die faserig abgenagt sind. Nur an der Spitze sind die Zapfen unversehrt. Das Frassbild verrät, dass hier ein Eichhörnchen am Werk war, wie mir Barbara erklärt.

Bei einem Flachmoor öffnet sich der Wald. Der Weg folgt nun einem Bächlein, das munter plätschert und uns durch Wiesen voll leuchtender Sumpfdotterblumen führt. Drei junge Frauen, fröhlich schwatzend, mit bunten Beuteln auf dem Rücken, überholen uns. Gleichsam rot, blau, weiss entfernen sie sich rasch. Sonst aber herrscht vor allem Gegenverkehr, was uns wundert – wo kommen all die Wanderer um diese Uhrzeit her? Ein Mann mit Stock, der grüsst. Zwei Männer, in ein Gespräch vertieft. Ein älteres Ehepaar. Eine ganze Gruppe Wanderfreunde. Ein junger Mann mit Karte. Ganz offensichtlich schwimmen wir gegen den Strom.

Eine Singdrossel lässt uns verweilen, sie singt unermüdlich. Ihren Gesang kenne ich fast nur von der CD. Die Singdrossel wiederholt zwei-, drei-, viermal eine Abfolge von wenigen Tönen, dann wechselt sie zu einer neuen Tonfolge. Auch die wird wiederholt. Ich versuche zu zählen, wie viele verschiedene Tonfolgen sie beherrscht, gerate aber mit dem Zählen durcheinander. Auf jeden Fall ein grosses Repertoire.

Singdrosseln fressen neben Beeren und Regenwürmern auch Schnecken. Um die Gehäuse aufzubrechen und an die Schnecken zu gelangen, zerschmettern sie die Häuschen an Steinen. Weil sie hierfür immer dieselben Steine nutzen, werden diese Steine auch Drosselschmieden genannt.

Im Gasthaus St. Meinrad, auf dem Etzelpass, kehren wir ein. Verwundert mustern wir den Wirt, der uns in Lederhose und Gilet willkommen heisst – er stammt aus Österreich. Der Parkplatz vor dem Gasthaus ist voll, auch entlang der Etzelstrasse wurden Autos abgestellt. Alle scheinen das Frühlingswetter zu geniessen.

Bald nach der Teufelsbrücke, neben der das Geburtshaus von Paracelsus steht, zweigen wir vom Jakobsweg links ab ins Moor. Die Sonne brennt. Braun und schwarz zieht sich das Moor dahin, nur ab und an durch ein paar gelbe Sumpfdotterblumen-Tupfen durchbrochen. Braun und schwarz auch die Holzhäuschen, die ehemals fürs Torfstechen genutzt wurden. Stille. Kaum ein Mensch. In der Ferne leuchten die Schneeberge weiss.

Schliesslich gelangen wir zum Sihlsee, auf dessen Blau ein einsames Segelschiff schaukelt, und via Strandweg, begleitet vom Gesang einer Feldlerche, nach Einsiedeln, das so heisst, weil der Einsiedler und Mönch Meinrad einst hierhin zog – in den «finsteren Wald».

Sonntag, 10. April 2016

Lila und Lindengrün

Wintergrau ist Lindengrün gewichen – wie verwandelt liegt der Üetliberg vor mir. Aus dem Wald treten zwei Gestalten, die mir wohlbekannt sind, nur erkenne ich sie im ersten Moment nicht. Mutter und Tochter, die Tochter mit Regenhut. Tochter und Mutter bleiben stehen. «Die Beine ein wenig vertreten», meinen sie, «bevor es zurück zur Arbeit geht» und betrachten neugierig den Messbecher, den ich in meinen Händen halte, weil ich für einen Kurs Blumen pflücken muss. Noch ist er leer.

Veilchen schmücken den Wald und färben die Böschungen lila. Die jungen, durchscheinenden Buchenblätter schimmern in zartem Grün und sind weich behaart. Eine vorwitzige Vogelkirsche streckt mir einen Zweig samt Blüten und Blättern entgegen. Ich greife danach. Zwei rote Kügelchen, Nektardrüsen, erheben sich vom Blattstiel. Bei den meisten Blütenpflanzen sitzen die Nektardrüsen im Blüteninnern. Und locken bestäubende Insekten an. Warum sie bei der Vogelkirsche am Blattstiel sitzen, war lange nicht klar, die Forscher zerbrachen sich darüber den Kopf. Heute ist bekannt, dass die Vogelkirsche mit ihren Nektardrüsen Ameisen anlockt, um Schädlinge in Schach zu halten.

«Zi za za za zi za zi», singt der Zilpzalp sein eintöniges Lied, während ich bergan schreite. Zum Lila der Veilchen gesellt sich das Pink von Frühlingsplatterbse und Geflecktem Lungenkraut. Nun füllt sich mein Messbecher. Frühlingsplatterbse und Lungenkraut haben etwas gemein: Sie ändern die Farbe ihrer Blüten während der Blütezeit von Pink über Violett zu Blau. Damit signalisieren sie Bestäubern, wo (noch) viel Nektar und Pollen zu holen sind. Und stellen die Bestäubung sicher.

Die Frühlingsplatterbse zählt zu den Schmetterlingsblütlern. Schmetterlingsblütler breiten ihre Blütenflügel allerdings nicht auf die Seite aus, wie ihr Name vermuten lassen könnte, sondern stets nach vorn. Die beiden Blütenflügel umfassen das bauchige Schiffchen, das aus zwei Blütenblättern zusammengesetzt ist. Im

Schiffchen wiederum sind Staub- und Fruchtblätter versteckt. «Da stimmt doch etwas nicht mit dieser Blüte», meinte eine Kursteilnehmerin letztes Jahr, als wir die Frühlingsplatterbse unter die Lupe nahmen. «Ist diese Blüte noch nicht fertig entwickelt? So kann doch gar keine Bestäubung erfolgen, kein Bestäuber kommt an die Staub- und Fruchtblätter heran.» Die Überlegung der Kursteilnehmerin ist richtig. Landet ein Fliegengewicht auf dem Schiffchen, passiert nichts. Setzt sich aber eine kräftige Hummel oder Wildbiene darauf, senkt sich das Schiffchen unter ihrem Gewicht nach unten – und gibt Staub- und Fruchtblätter frei. Es hat also doch alles seine Richtigkeit mit diesen merkwürdigen Blüten. Vorsichtig lege ich meinen Zeigefinger auf ein Schiffchen und drücke nach unten, um das Gewicht einer Hummel zu simulieren. Staub- und Fruchtblätter schnellen hervor, ein verblüffender Trick.

Regen setzt ein. Die Sumpfdotterblumen am Wegrand lässt das kalt. Sie sind perfekt angepasst ans Nass. Gewöhnlich schliessen Blumen ihre Blüten und Köpfchen bei Regen oder drehen sie nach unten, um den kostbaren Pollen zu schützen. Sumpfdotterblumen nicht. Sie lassen zu, dass ihre Blüten sich mit Regenwasser füllen und mitunter selbst befruchten. Auch für die Ausbreitung der Samen setzen sie auf Regen: Wenn Regentropfen auf ihre Samen prallen, werden diese gelöst und fortgeschwemmt. Da die Samen von Sumpfdotterblumen auf dem Wasser schwimmen, werden sie über weite Strecken transportiert. Dies ist mit ein Grund, warum Sumpfdotterblumen häufig entlang von Bächen wachsen.

Der Regen wird stärker, dicke Tropfen prasseln auf den Boden, wo sie zerplatzen und in die Höhe spritzen. Ich hole meinen türkis-blau-gestreiften Schirm hervor und öffne ihn, kapituliere vor dem Element, das die Sumpfdotterblume begrüsst.

Freitag, 15. April 2016

Regen über dem Moor

Regenhosen knistern, Reissverschlüsse werden zugezogen, durchsichtige Pelerinen rascheln beim Überziehen. Wir sind in Luegeten, aber «z'luege» gibt es heute nichts. Es regnet und die Wolken hängen tief – etwas anderes ist wohl nicht zu erwarten, wenn ich mit einer Gruppe unterwegs bin.

Buschwindröschen wie Wiesenschaumkraut lassen ihre Blüten hängen, und der Löwenzahn hat seine Köpfchen zu borstigen Pinseln geschlossen.

Am Waldrand stoppe ich unvermittelt. «Eine Drossel!», rufe ich aus, und Oda, eine Teilnehmerin, präzisiert: «Eine Misteldrossel.» Die Misteldrossel steht in der Wiese, nur wenige Meter vor mir. Sie sucht nach Regenwürmern, dann richtet sie sich auf. Deutlich sehe ich ihren weissen Bauch mit den dunklen Flecken. Meine Stimme überschlägt sich vor Aufregung und Glück – nie zuvor bin ich einer Drossel begegnet.

Im Wald pflücke ich ein Bärlauchblatt, halte es hoch und erkläre, wie sich der Bärlauch vom giftigen Maiglöckchen und der giftigen Herbstzeitlose unterscheidet. Denn jedes Jahr sterben Sammler beim Verzehr vermeintlichen Bärlauchs. «Am sichersten ist es, wenn ihr die Blattober- und -unterseite betrachtet. Die Oberseite glänzt beim Bärlauch, nicht nur jetzt, bei Regen. Die Unterseite hingegen ist matt-grau-grün. Genau umgekehrt verhält es sich beim Maiglöckchen: Dort glänzt die Unterseite stark und die Oberseite ist matt-grün. Bei der Herbstzeitlosen wiederum glänzen beide Seiten.» Der Glanz der Blattober- und Blattunterseite lässt sich auch zu Hause noch überprüfen.

Auf keinen Fall sollte nach dem Prinzip «längliche, spitze Blätter mit geradem Rand und parallelen Längsnerven» Bärlauch gesammelt werden. Denn genau so sehen eben auch Maiglöckchen- und Herbstzeitlosenblätter aus. Auch der Geruch hilft nicht. Denn wer einige Bärlauchblätter pflückt, ist nicht mehr in der Lage, zwischen dem Geruch seiner Finger und dem Geruch der Blätter zu unterscheiden. Der Bärlauch hängt ihm sozusagen permanent in der Nase. Besser ist es, darauf zu achten, ob die Blätter an langen Stielen einzeln aus dem Boden wachsen (Bärlauch), zu zweit an einem Stängel stehen (Maiglöckchen) oder zu mehreren in einer Art Quirl aus dem Boden gucken (Herbstzeitlose). Allerdings ist das schwer zu erkennen, wenn man Blätter aus einem dichten Teppich pflückt. Und zu Hause lässt sich nicht mehr kontrollieren, ob das Blatt mit anderen zusammenhing. Deshalb gilt: Immer Blattoberseite und Blattunterseite betrachten.

Als wir aus dem Wald treten, stapfen uns durch den Regen zwei Männer im Partnerlook entgegen – türkis-schwarze Goretexbekleidung und Regenhut. Sie tragen Wanderschuhe, wie wir. Die beiden sind die ersten und letzten Gesinnungsgenossen, die uns heute begegnen. «Was ist denn schön an diesem Tag?», entgegnet mir der eine mürrisch auf meinen Gruss. Anderer Meinung ist da das Holzhäuschen, das wir bald darauf passieren: «Macht nur die Augen auf, alles ist schön», tut es mit einem Schild kund. Und tatsächlich. Kein Regen, keine Wolke kann das Leuchten der Schlüsselblumen und Sumpfdotterblumen trüben, die sich, dicht an dicht, die Wiesen hinaufziehen bis zum Etzelpass.

Wir sind die ersten Gäste im Haus. Ein einziger einsamer Wanderer(?) setzt sich kurz nach uns an den Nebentisch und löffelt seine Suppe. Erst als wir uns zum Gehen anschicken, füllt sich plötzlich das Lokal, festlich gekleidete Menschen, jung wie alt, strömen von überall herbei.

Der Regen hat nachgelassen, es nieselt. Fast drückt die Sonne durch. Unglaublich, bei einem Wetterbericht, der für den ganzen Tag Regen versprach. Beschwingt laufen wir bergab, Richtung Sihl. Bei der Gefleckten Taubnessel, die am Wegrand blüht, halte ich an. Gleich mehrere Leute rufen aufgeregt durcheinander: «Oh wie schön, eine Orchidee!» Auch wenn ihre rosa Farbe derjenigen von Knabenkräutern gleicht – eine Orchidee ist die Gefleckte Taubnessel nicht. Mit ihrer helmförmigen Oberlippe und der dreigeteilten Unterlippe stellt sie klar, dass sie zu den Lippenblütlern gehört.

Warum die Brücke, welche die Sihl überquert, Teufelsbrücke heisst, weiss ich nicht. Es gibt aber Hinweise darauf, dass sie ihren Namen wegen des «Hexenmeisters» trägt, der gleich daneben gewohnt haben soll – der Arzt, Naturforscher und Alchemist Wilhelm Bombast von Hohenheim, Vater von Paracelsus. Jemand, der heilen konnte, war den Einheimischen wohl suspekt.

Die Moorlandschaft Roblosen, die wir auf dem Weg zum See durchqueren, setzt sich aus einem Mosaik verschiedener Moortypen zusammen. Hier wurde früher Torf abgebaut. Einst dehnte sich das Roblosenmoor weit in die Ebene aus, dorthin, wo heute der Sihlsee liegt. Beim Aufstauen des Sihlsees wurden riesige Moorflächen für immer versenkt. Geblieben sind Flach- und Hochmoorfragmente, die unter Schutz gestellt sind.

Entscheidend für die Einteilung in Flach- und Hochmoore ist der Wasserzufluss – nicht die Höhenlage, wie ich früher einmal glaubte. Flachmoorböden und ihre Pflanzen haben Kontakt mit dem Grundwasser, in dem mehr oder weniger Mineralien gelöst sind. Hochmoorböden hingegen wölben sich weit über den Grundwasserspiegel und werden einzig durch (nährstoffarmes) Regenwasser gespeist.

Das Torfmoos saugt das ins Hochmoor dringende Regenwasser auf und hält es fest wie in ein Schwamm. Es kann das Zwanzigfache seines Eigengewichtes an Wasser speichern und hält den Boden feucht – was für den Wasserhaushalt des Hochmoors zentral ist.

Auf Flach- und Hochmooren gedeihen verschiedene Pflanzen. Flachmoore werden von Sauergräsern wie Seggen und Binsen dominiert, dazwischen wachsen Süssgräser und Blumen. Auf Hochmooren hingegen dominiert Torfmoos. Während die Torfmoosspitzen langsam, aber stetig in die Höhe wachsen, sterben die wurzellosen Torfmoosenden ab und werden zu Torf abgebaut. So können über Jahrhunderte mächtige Schichten an Torf entstehen, die sich immer weiter in die Höhe wölben, weg vom Grundwasserspiegel. Deshalb der Name Hochmoor.

Und dann wird das Moor geflutet. Kaltblütig ertränkt.

Ein Teilnehmer, Christoph, der in seiner Jugend jedes Jahr mit der Pfadi auf dem Jakobsweg von St. Gallen nach Einsiedeln pilgerte, springt in die Luft und demonstriert, dass wir auf einem ehemaligen Hochmoor wandern: Bei seiner Landung bebt der Boden und schwingt. Wie es bei einem Hochmoor zu erwarten ist.

Wieder fallen Regentropfen. Erst vereinzelt und zaghaft, dann in immer schnellerem Staccato. Bevor wir den Damm betreten, der dazu beiträgt, den Sihlsee zu stauen und das ehemalige Moor unter Wasser zu halten, laufen wir ein paar Schritte auf der Brummbärstrasse. Wunderbar. Lebhaft sehe ich den brummligen, alten Mann vor mir, der hier wohl einst gewohnt hat. Gleich nach dem Damm folgt die Guguusstrasse. Aaah. Und kurz danach, als Höhepunkt sozusagen, die Gimmermeh.

Wer immer diese Strassen benannt hat, ich ziehe vor ihm meinen Hut. Sogar den Regenhut.

Samstag, 23. April 2016

Rosenduft und Harzgeruch

Majestätisch thront der Pilatus über uns, wie ein gigantischer Zahn. Links aussen in der Ferne erhebt sich die Rigi. Dazwischen eine lange Reihe namenloser Bergspitzen, alle schneebedeckt. Herrlich. Ich sitze mit Anita, einer Freundin, auf der Dachterrasse des Migros-Fitnessparks Luzern, zwischen zwei Saunagängen, und bewundere das Innerschweizer Alpenpanorama. Irgendwo quietscht und knarrt ein Girlitz über den Dächern der Stadt (diesmal bin ich mir sicher). Von Westen her rollen düstere, tief hängende Wolken heran. Fahnen knattern im Wind.

Orangenöl liegt hinter, Fichtenöl vor uns. Kurz haben wir auch der Duftgrotte einen Besuch abgestattet: Zitrone, Wacholder, Rose, Salbei – die Liste der pflanzlichen Düfte ist so lang wie die Bergkette vor uns.

Was wir für selbstverständlich halten, ist in Wirklichkeit eine Wahnsinnsleistung der Natur. Rosenduft etwa setzt sich aus mehr als 500 Komponenten zusammen, ein wahres Meisterwerk. Und diese Leistung kostet: Energie. Es muss demnach gute Gründe geben, warum eine Pflanze in Duft investiert.

Duft kann etwa Schädlinge und Fressfeinde fernhalten. So sind Lippenblütler wie Salbei und Pfefferminze für ihre Drüsenhaare bekannt, an deren Spitze ätherisches Öl in winzig kleinen Tröpfchen hängt. Die meisten Raupen mögen den würzigen Geschmack dieser Öle nicht und verschmähen die Kräuter – die Investition war wohlüberlegt.

Andere Pflanzen, wie die Rose, wollen mit ihrem Duft Insekten nicht vertreiben, sondern, gerade umgekehrt, potenzielle Bestäuber – Bienen wie Hummeln – betören. Ganz besonders gilt dies für Blumen mit roten Blüten, denn Bienen sind rotblind.

Auch Blumen, die von Nachtfaltern besucht werden, setzen auf Duft und verströmen ihn gezielt erst in der Abenddämmerung.

Warum Fichten und Tannen gut riechen, obwohl sie für die Bestäubung nicht Insekten nutzen, sondern den Wind?

Was nach Weihnachten duftet, ist ein Nebenprodukt von Harz. Bei der Herstellung von Harz fällt, ganz nebenbei, ätherisches Öl an. Die Harzkanäle von Nadelbäumen finden sich übrigens nicht nur im Holz, sondern genauso in den Nadeln. Harz dichtet Wunden ab und dient möglicherweise auch als Frostschutzmittel. Der Harzgeruch selbst hat keine Funktion (ausser für uns Menschen).

Jäh werde ich von einem Windstoss aus meinen Gedanken gerissen, die schwarzen Wolken schieben sich heran. Die Hügel vor der Stadt, auf die wir blicken, scheinen in milchig-gelbes Licht getaucht. «Ist das ein Regenbogen?», fragt mich Anita, aber gleich wird klar, dass es nicht Licht, sondern Regen ist, genauer, eine Regenwand – schon fallen die ersten Tropfen.

Höchste Zeit fürs Fichtenöl.

Samstag, 30. April 2016

Tanz der Gaukler

Licht und Schatten tanzen auf den Blättern, tanzen auf meiner Hand. Stirnrunzelnd beuge ich mich über Bergulmen- und Haselblätter und lasse meine Kamera sinken. Unmöglich, so zu fotografieren. Das Blätterdach schliesst sich langsam über dem Üetliberg-Wald. Selbst die Esche, die jeweils als letzte an der Reihe ist, beginnt, ihre Blätter zu entfalten. Eine neue Welt.

Aus dem Nichts taucht ein Appenzellerhund auf und will nicht mehr von meiner Seite weichen. Dabei fürchte ich mich doch vor Hunden – vermutlich riecht er meine Angst. Besänftigend rede ich auf ihn ein. Endlich werde ich erlöst, ein älterer Herr, der an einem Stock geht, erscheint und ruft den Hund zu sich.

Ein zartes gelbes Etwas gaukelt über den Waldweg und wieder zurück. Lässt sich schliesslich auf einem Löwenzahnköpfchen nieder, wo es sich, mit gefalteten Flügeln, an der Sonne wärmt. Seine Flügel laufen in eine Spitze aus und tragen in ihrer Mitte einen fein-orangen Punkt – wie hingetupft. Ein Zitronenfalter, und zwar ein Männchen. Die Weibchen sind viel heller gefärbt, lese ich abends im Bestimmungsbuch.

Zitronenfalter leben länger als ein Jahr, während andere Falter nur während weniger Wochen fliegen. Als einziger Tagfalter Mitteleuropas überwintert er ungeschützt im Freien. Unbeweglich an einem Zweig hängend oder im Laub. Dank eines körpereigenen Frostschutzmittels (Glyzerin) übersteht er selbst Temperaturen von bis zu minus 20 Grad unbeschadet. Und es macht ihm nichts aus, wenn er von Schnee bedeckt wird.

An warmen Frühlingstagen erwachen Zitronenfalter aus ihrer Winterstarre. Der Paarungstanz beginnt. Im April legen die Weibchen ihre Eier einzeln an die Raupenfutterpflanzen: Faulbaum und Kreuzdorn. Hier, am Üetliberg, kommen beide vor. Eine neue Generation entsteht und die alte stirbt – die Tage des Zitronenfalters auf dem Löwenzahnköpfchen sind gezählt.

Mein Auge, nun auf Tagfalter eingestellt, erfasst einen weiteren Tänzer. Die äussere Hälfte seiner Vorderflügel leuchtet auffallend orange, sonst aber sind seine Flügel weiss. Ein Aurorafalter-Männchen (die Weibchen sind unscheinbar). Seinen Namen trägt der Aurorafalter, weil das Orange seiner Flügel demjenigen der Morgenröte, Aurora, gleicht.

Der Aurorafalter landet auf einer Blüte der Frühlingsplatterbse, merkt aber gleich, dass hier – für ihn – weder Pollen noch Nektar zu holen sind, und setzt seine Suche fort.

Im Gegensatz zum Zitronenfalter überwintern Aurorafalter als Puppen. Der Falter, der vor mir her flattert, ist demnach erst vor kurzem geschlüpft. Bald schon, im Mai, werden die Aurorafalter-Weibchen ihre Eier auf Kreuzblütler legen. Auf Wiesenschaumkraut und den Knoblauchhedderich etwa, der hier am Wegrand wächst.

Lautes Lärmen schreckt mich auf: Die Bachverbauung wird fertiggestellt – das wurde ja auch Zeit. Seit Monaten habe ich keine Arbeiter mehr gesehen.

Ein Zaunkönig macht dem Baulärm Konkurrenz. Er schmettert seine Strophen voll Triller und Roller mit bis zu 90 Dezibel. Ein gewaltiges Stimmvolumen für solch einen Winzling, denn der Zaunkönig ist, nach Winter- und Sommergoldhähnchen, der drittkleinste Vogel Europas. «Mücken und Fliegen die sind zu geniessen aber Spinnen brrrrrrrrrrrr die zieh ich vorrrrr», singe der Zaunkönig, meint mein Kosmos-Vogelführer. So genau kann ich das nicht sagen, aber ungefähr kommt der Merkspruch schon hin.

Gegen Ringlikon zu verstummt der Wald. Tief atme ich den Duft des frisch gemähten Heus ein, das zum Trocknen auf der Wiese liegt. Still wird es auch in mir, bis ich, kurz vor Uitikon-Waldegg, auf die weisse Fiederblättrige Zahnwurz stosse, die ich hier noch nie bemerkt habe, und über ihre Blüten staune – ein Fest für die Auroraraupen.

Freitag, 29. April 2016

Ein strahlend schöner Tag

Ein kniehoher Zaun zieht sich neben der Strasse dahin, von Äugstertal Landhuus bis zum Türlersee. Verdutzt starre ich aus dem Fenster des Postautos auf das blaugrüne Ding. Mein Partner schaltet schneller als ich: «Ein Amphibienzaun», erklärt er mir, «die sieht man jetzt überall.» Und tatsächlich, in regelmässigen Abständen taucht der Zaun ab und führt Frösche und Kröten sicher unter der Strasse hindurch. Die Infotafel am Türlersee erläutert, dass es um Erdkröte und Grasfrosch geht, die so geschützt werden sollen.

Erdkröten bleiben einem Laichplatz lebenslang treu. Selbst wenn er längst zerstört sein sollte, kehren sie Jahr für Jahr an denselben Ort zurück und irren suchend umher. Nur selten gelingt es, sie an ein neues Laichgewässer zu gewöhnen. Deshalb ist es wichtig, dass ihre Laichplätze, wie hier am Türlersee, unter Schutz gestellt sind.

Bis ins Mittelalter galt die Erdkröte als hässlichste Schöpfung der Natur, lese ich zu Hause. Wegen des Giftes, das ihre warzigen Hautdrüsen ausscheiden, wurden ihr Zauberkräfte zugeschrieben. Das Gift reizt die Schleimhäute von Fressfeinden (und Menschen) und wurde früher für «Hexensalben» verwendet. Bereits in der Haut der Kaulquappen sitzt ein Gift, das Angreifer vertreibt. Vielleicht heisst deshalb der Graben, der einst den Türlersee entwässerte, Hexengraben.

Am Seeufer lassen wir uns nieder. Entspannt lehne ich mich zurück und blinzle in die Sonne. Ein strahlend schöner Tag. Tiefblau spiegelt sich der Himmel im See. Auf dem Badefloss ruhen Stockenten, ein Kormoran, der die Enten um Längen überragt, gesellt sich dazu – das Bild gleicht dem eines Königs, der über das niedere Volk wacht.

In unserer Nähe ist ein Familienvater damit beschäftigt, Feuer zu machen, ein Mädchen im Vorschulalter und sein kleiner Bruder verfolgen gebannt jeden Handgriff. Plötzlich wackelt der Kleine auf ein Blässhuhn zu, das gerade etwas vom Boden aufpickt, und breitet jauchzend die Arme aus. Flink wie ein Huhn rennt das Blässhuhn davon und verschwindet in einem Gebüsch. Den Namen «Huhn» trägt es also nicht umsonst, sein Gang hat nichts vom Gewatschel einer Ente. Enttäuscht lässt der Kleine seine Arme fallen und zieht ein Gesicht.

Auf der ersten Hälfte des Seerundwegs laufen wir gegen den Wind, der Bäume und Sträucher biegt. Ich wickle meinen Schal enger. Einer Frau, die in der Gegenrichtung wandert, reisst der Wind das Tuch vom Hals und trägt es davon – mit ihrer raschen Reaktion kann sie gerade noch verhindern, dass es im Türlersee landet.

Fasziniert bleiben wir neben einer Wiese stehen. Der Wind fährt in Wellen durch das hohe Gras und zeichnet immer neue Muster. Ein Kunstwerk folgt dem anderen. In der Ferne Schneeberge, in ihrer Mitte, prominent wie immer, die bekannte Silhouette der Rigi. Immer noch in Weiss. Weiss blüht auch die Brunnenkresse entlang der Bäche und Gräben.

Auf dem See rudert ein Fischer in seinem Boot, stehend, und andere Angler werfen ihre Leinen aus, unser Blick aber fällt auf eine Krähe am Waldrand, die im Sturzflug auf einen Greifvogel zu jagt, ein ums andere Mal. Schliesslich wird es dem Rotmilan zu bunt und er segelt davon. Beute findet er auch anderswo. Die Krähe, die sich, ihr Revier und ihre Brut so tapfer verteidigt und den Milan vertrieben hat, siegt.

Was wir beobachtet haben, nennt man «hassen», es ist bei Rabenvögeln verbreitet. Da Krähen auf der Speisekarte von Greifvögeln stehen, lernen sie durch Erfahrung, diese zu «hassen», sich also zu wehren, bevor akute Gefahr droht. Angriff ist ihre beste Verteidigung, denn Greifvögel leben vom Überraschungsmoment. In einem Langzeitexperiment konnten Forscher zeigen, dass Krähen nicht selbst angegriffen werden müssen, um fortan zu «hassen», sie lernen genauso effektiv aus der Beobachtung von Angriffen auf Artgenossen, und ebenso durch Nachahmung. Denn Krähen sind intelligent.

Unzählige Geschichten belegen, wie lernfähig und einfallsreich Krähen sind. In Japan etwa lassen Krähen Nüsse auf Strassenkreuzungen fallen. Werden die Nüsse in der Grünphase von einem Auto überrollt, werden sie geknackt. Schaltet die Ampel dann auf Rot, picken die Krähen die geknackten Nüsse auf – ohne jede Gefahr.

Auf dem Rückweg wiederholen sich die Bilder, als wäre unser Lebensfilm auf «Repeat» eingestellt. Schon wieder die Frau mittleren Alters, deren Berner Sennenhund an der Leine zerrt, schon wieder der ungestüme Dalmatiner, der unsere Kamera anbellt – er gehört zu einer üppigen Blondine, die ihm gelassen folgt –, schon wieder die Joggerin mit Pferdeschwanz und knallblauem T-Shirt, die (bereits zum dritten Mal) uns entgegen keucht. Wie viele Runden sie wohl rennt?

Schliesslich, an einem Buben vorbei, der am Wegrand ein Sträusschen aus dunkelblauem Kriechendem Günsel pflückt, ganz vertieft in sein Tun, haben wir den See umrundet. Aus einem Auto, das an uns vorüber fährt, ruft es laut: «Grüezi!», und rechts und links aus den offenen Fenstern des Autos werden kleine Arme gestreckt, die übermütig winken. Bevor wir zurückwinken können, ist das Auto schon entschwunden.

Donnerstag, 5. Mai 2016

In den Schatten gestellt

Der Üetliberg ertrinkt in einem Meer aus weissen Blüten: Bärlauch. Die winzigen Blütensterne stehen in grossen Kugeln zusammen, so weit das Auge reicht. Da und dort werden sie von feinen Sonnenstrahlen beleuchtet, die durch das Blätterdach fallen. Wunderschön.

Wer die Blüten des Bärlauchs aus der Nähe betrachtet, erkennt, dass ihre Blütenblätter in zwei Kreisen angeordnet sind. Je drei bilden einen Kreis. Kelchblätter fehlen. Ein solcher Blütenaufbau ist typisch für die Gruppe der Einkeimblättrigen *(Monocotyledonen),* zu denen der Bärlauch gehört.

Nicht nur am Boden blüht es jetzt am Üetliberg, im Mai. In langen Trauben hängen die Blüten von Traubenkirsche und Bergahorn herab, und zwischen den Blättern des Feldahorns verbergen sich gelb-grüne Sträusschen.

Gestern habe ich mit Theres, die sich als Versuchskaninchen zur Verfügung stellte, einen Probelauf der Exkursion gemacht, die ich heute zum Thema Bäume und Sträucher leite. Dabei sind wir bei Temperaturen von bis zu 25 Grad zünftig ins Schwitzen geraten. An die Intensität der Frühlingssonne müssen wir uns wohl erst wieder gewöhnen. Heute habe ich vorgesorgt und Sonnenhut wie Wasser dabei – ich mag gar nicht daran denken, wie warm es im «echten» Sommer wird.

«Ist es wahr, dass natürlicherweise in den Wäldern des Mittellands nur die Rotbuche wachsen würde», fragt mich eine Teilnehmerin, «wenn die Förster nicht eingeifen würden?» Was die Teilnehmerin anspricht, ist die Dominanz der Buche, ein spannendes Thema.

Die Rotbuche dominiert tatsächlich in den meisten natürlichen Wäldern Mitteleuropas. In tiefen und mittleren Höhenlagen, wie eben im Mittelland. Auf Böden, die weder zu trocken, zu nass noch zu sauer sind, setzt sie sich gegen ihre Konkurrenten durch. Entscheidend scheinen dabei ihre Grösse und ihr Alter zu sein: Sie wird über 40 Meter hoch und bis zu 900 Jahren alt. Eine ausgewachsene Rotbuche überragt fast alle ihre Konkurrenten. Und stellt diese damit in den Schatten. Ihre Krone kann eine Fläche von bis zu 600 Quadratmetern beschatten, ihr Blätterdach lässt kaum noch Licht durch.

Die jungen Buchen, die unter ihrem Dach heranwachsen, kommen mit wenig Licht aus. Dies gilt allerdings auch für jungen Ahorn und junge Eschen.

Solange sie im Schatten stehen, wachsen die Jungbäume nur langsam. Wird der Baumriese dann aber gefällt oder vom Wind geworfen, schiessen sie in die Höhe. Das Wettrennen beginnt. Erst liegen Ahorn und Esche noch gleichauf oder sogar etwas vorne, fallen mit den Jahren aber zurück, weil sie langsamer werden, während die Rotbuche bis ins hohe Alter konstant weiter wächst.

Von Anfang an keine Chance gegen die Buche haben Baumarten, die in ihrer Jugend mehr Licht brauchen oder generell langsamer wachsen als sie.

Für Deutschland wird geschätzt, dass zwei Drittel der Landesfläche natürlicherweise von Rotbuchen dominiert würden. Und in dieser Fläche wiederum würde die Rotbuche 90 Prozent der Baumschicht einnehmen, die restlichen zehn Prozent wären mit Begleitbaumarten wie Eichen, Eschen, Ahorn, Eiben, Birken und Föhren gefüllt. Leider habe ich für die Schweiz keine entsprechenden Zahlen gefunden, ich könnte mir aber vorstellen, dass sich die Schätzungen auf das Schweizer Mittelland übertragen lassen.

In der Zukunft, mit dem Klimawandel, wird die Rotbuche ihre dominante Stellung im Mittelland verlieren. Zu heiss, zu trocken für sie. Prognosen sagen, dass bereits in 70 Jahren sämtliche Buchenwälder unterhalb von 1000 Meter absterben. Niemand weiss, wie der Üetliberg-Wald dann aussieht. Vielleicht werden wir im Jahr 2085 durch Hanfpalmen-, Kastanien- und Pinienwälder nach Ringlikon und Uitikon wandeln.

Die Rotbuche wird in den Schatten gestellt.

Samstag, 7. Mai 2016

Land unter

Gestern hiess es: Land unter. Innerhalb von 24 Stunden regnete es so viel wie sonst im gesamten Monat Mai. Mehr als 100 Millimeter fielen etwa in Grenchen, das entspricht einer Menge von 100 Liter Regen pro Quadratmeter. Oder, anders ausgedrückt, zehn Kübeln Wasser, die über einem einzigen Quadratmeter Boden ausgeleert werden. Und für heute sind Gewitter mit weiterem Starkregen angesagt – eine Kaltfront schiebt sich heran.

Statt über die Lägern nach Baden zu wandern, wie ursprünglich geplant, begleitet von Blitz und Donner, bis auf die Knochen durchnässt, begnügen mein Partner und ich uns deshalb mit dem Üetliberg.

Ein Flieder, der am Boden liegt, zeugt von den Wassermassen, die gestern in den Boden drangen. Offenbar haben die Wurzeln des Flieders ihren Halt in der aufgeweichten Erde verloren und der ganze Strauch ist umgekippt.

Hinter uns zieht eine Frau ihren Rollkoffer keuchend den Hang hoch, bis zum Hotel Atlantis, das am Waldrand über Zürich blickt. Das Luxushotel ist wieder geöffnet, nach der Totalrenovation.

Der Waldbach tost und schäumt, demonstriert seine Kraft. Reisst Zweige und Äste mit, die der Regen gestern wohl abgeschlagen haben muss – die neue Verbauung hält.

Ausser uns hat sich kaum jemand in den Wald gewagt. Dabei ist es trocken und die Sonne scheint. Erst auf halber Höhe treffen wir auf einen Mann, der in der Gegenrichtung geht, und kurz darauf werden wir von einer Sportlerin überholt, die im T-Shirt leichtfüssig den Hang hinauf eilt. Offenbar ist ihr warm, denn zwei Kurven weiter sehen wir, dass sie das T-Shirt in ein bauchfreies Top umgestaltet hat.

Am Wegrand haben sich die ersten rot-blauen Köpfchen der Bergflockenblume geöffnet. Zarte, weisse Glöckchen hängen vom Salomonssiegel herab. Um keine Blüten handelt es sich dagegen bei den roten Kugeln, die an manchen Bergahorn- und Rotbuchenblättern sitzen. Auch wenn die gut erbsengrossen Dinger, Gallen genannt, ganz hübsch aussehen.

Wer die Gallen aufschneidet, findet weissliche Insekten, die an Maden erinnern – Larven der Ahorngallwespe und Buchengallmücke.

Die Ahorngallwespe legt ihre Eier in Ahornknospen, sobald sich diese öffnen. Die abgelegten Eier umgibt sie mit einem giftigen Sekret. Um sich vor dem Gift zu schützen, umhüllt der Ahorn die einzelnen Eier mit einer dünnen Schicht: Das Wachstum der kugeligen Gallen beginnt. Später wird es auch von der Larve in ihrem Innern gesteuert. Sobald die Larven im Juni oder Juli ausgewachsen sind, verpuppen sie sich in der Galle.

Im Gegensatz zur Ahorngallwespe verbringt die Buchengallmücke fast ihr ganzes Leben als Larve. Anfang April legt sie ihre Eier auf Rotbuchenknospen. Ihre Gallen lassen sich durch die zugespitzte Form leicht von Ahorngallen unterscheiden. Im Herbst lösen sich die Buchengallen von den Blättern und überwintern, samt Larven, im Laubstreu. Erst im nächsten Frühling verpuppen sich die Larven der Buchengallmücke. Die geschlüpften Mücken leben nur sehr kurz, um sich fortzupflanzen.

Weder Buchengallmücken noch Ahorngallwespen schaden ihren Wirtsbäumen. Umgekehrt werden Ahorngallen manchmal aber von Erzwespen parasitiert. Dass mit diesen Gallen etwas nicht stimmt, erkennt man an ihrer Form: Die Kugeln wirken missgebildet und entwickeln viele Zipfel.

Der Regen hat den oberen Üetliberg in einen Urwald verwandelt. In den Senken stehen die Bäume tief im Wasser, auf dem sich Sonne und Wolken jagen, und Moos, vollgesogen mit Regen, leuchtet rundherum sattgrün. Baumstümpfe, Stämme wie Felsen tragen dicke Kappen aus weichem Moos.

Bei der Bergstation angelangt, lesen wir auf einem Schild, dass das Gipfelrestaurant heute geschlossen bleibt. Wegen einer Gesellschaft. Dass das an Pfingsten möglich ist! So setzen wir uns denn mit Tee und Kaffee ins Restaurant Gmüetliberg neben der Station, schlagen zufrieden die Zeitung auf – und gleich wieder zu, denn das kaltblütige Vorgehen des Mörders von Rupperswil schnürt uns die Kehle zu.

Aus dem Fenster des Restaurants blicke ich auf den Spielplatz nebenan, auf dem ein Vater mit seiner kleinen Tochter schaukelt, liebevoll und schützend hält er sie im Arm.

Ich greife über den Tisch nach der Hand meines Partners.

Samstag, 14. Mai 2016

Der stumme Schrei der Bäume

Erschreckt zucken wir zusammen. «Jetzt ist es aber genug, Guido!», schreit eine Mutter vor dem Völkerkundemuseum Zürich ihren Sohn entnervt an. Fünf Minuten später kracht es gewaltig. Es klingt, als ob etwas zu Bruch gehen würde – dem Buben ist es gelungen, das Plexiglasgestell umzuwerfen, das mit Broschüren gefüllt war.

Neben dem Völkerkundemuseum, im alten Botanischen Garten, steht ein Riesen-Mammutbaum. In seiner Heimat wird der Mammutbaum über hundert Meter hoch. Beeindruckt blicken wir an seinem Stamm nach oben. Es ist kaum zu fassen, dass es möglich ist, das Wasser von der tiefsten Wurzel bis zum höchsten Blatt zu transportieren – entgegen der Schwerkraft.

Die Lösung heisst Verdunstung. Ständig verdunstet Wasser an den Stomata. Dadurch entsteht ein Sog, der das Wasser von unten her nachzieht, als ob ein unsichtbares Wesen in der Baumkrone an einem gigantisch langen «Strohhalm» saugt, der bis in die Wurzeln hinunter reicht. Das Wasser wird in speziellen Leitgefässen, Tracheen, transportiert. Ganz ohne Energie. Mitsamt der lebenswichtigen Mineralstoffe, die im Wasser gelöst sind. Erst bei einer Höhe von etwa 150 Metern ist Schluss und die Schwerkraft überwiegt – deshalb gibt es keine Bäume, die grösser sind.

Bei heissem und trockenem Wetter verdunstet mehr Wasser als nachgeliefert werden kann: Der Wasserstrang in den Tracheen reisst, ein Unterdruck entsteht. Wenn die Wassersäule abreisst, schwingen die Wände der Tracheen und erzeugen Ultraschallwellen – die Bäume schreien nach Wasser.

Gewöhnlich können wir ihre Hilferufe nicht hören, aber im Alten Botanischen Garten werden sie für menschliche Ohren wahrnehmbar gemacht. Fasziniert lausche ich einer Walliser

Bergföhre, die flüstert und knackt. Mal leise, mal laut, mal langsam, mal schnell. Fast wie Musik. Schön. Und meditativ.

Wie der stumme Schrei der Bäume in 70 Jahren wohl klingt?

Wie ohrenbetäubendes Trommeln?

Sonntag, 15. Mai 2016

Schatzsuche

Es war vor neun Jahren, auf dem Roggenstock, als mir ein älterer Herr zurief: «Da oben ist alles voller Orchideen!» Seine Augen leuchteten und er strahlte über das ganze Gesicht.

Daraufhin suchte ich und suchte ich und suchte ich, konnte aber keine einzige Orchidee ausmachen. Frustriert kehrte ich nach Hause zurück und gab bei Google «einheimische Orchideen» ein. Da endlich fiel der Groschen: Einheimische Orchideen unterscheiden sich von ihrem Aussehen her deutlich von den «Zimmerpflanzen-Orchideen», nach denen ich auf dem Roggenstock unwillkürlich Ausschau hielt.

Zum Beispiel das Grosse Zweiblatt, das jetzt am Üetliberg blüht. Seine kleinen, grünen Blüten gleichen Männchen mit langen Beinen, die ihre Arme in die Höhe strecken. Sie werden häufig von Wespen bestäubt. Um Selbstbestäubung zu vermeiden, öffnen sich die Blüten des Grossen Zweiblatts nie gleichzeitig, sondern immer von unten nach oben.

In den ersten beiden Lebensjahren ist das Grosse Zweiblatt komplett auf Wurzelpilze angewiesen (Mykorrhizapilze). Wie all unsere Orchideen. Ohne die Wurzelpilze, die sie mit Nährstoffen und Energie versorgen, könnten Orchideen weder keimen noch wachsen – ihre Samen enthalten keinerlei Energie. Erst im zweiten oder dritten Lebensjahr, wenn sie ihr erstes grünes Blatt ausbilden und Photosynthese möglich wird, erlangen Orchideen Unabhängigkeit.

Im Gegensatz zum Grossen Zweiblatt produziert die blassbraune Vogelnestwurz nie Blattgrün. Sie schmarotzt lebenslang auf den Wurzelpilzen – die ihre Energie ihrerseits von Bäumen beziehen. Zwischen Wurzelpilzen und Waldbäumen stellt sich in der Regel ein Gleichgewicht ein: Energie wird gegen eine bessere Aufnahme von Wasser und Nährstoffen getauscht[4]. Beide profitieren.

Die braunen Blüten der Vogel-Nestwurz werden von Fliegen und Mücken bestäubt. Ich erspähe sie weiter oben am Üetliberg. Manchmal bildet die Vogelnestwurz auch geschlossene, unterirdische Blüten aus, die sich selbst bestäuben.

Nach Knabenkraut suche ich heute vergeblich. Die typischen «getigerten» Blätter mit den schwarzen Flecken finde ich zwar schon, aber sämtliche Blüten wurden abgeknipst. Ob von einem Reh oder von einem Menschen, der nicht weiss, wie eine einheimische Orchidee aussieht, vermag ich nicht zu sagen.

Freitag, 20. Mai 2016

---

[4] Die feinen Fäden der Mykorrhizapilze vermögen in kleinere Zwischenräume zu dringen als die Wurzelhaare. Und sie bilden ein dichteres Geflecht. Deshalb gelingt es Pilzfäden besser als Baumwurzeln, Wasser und Nährstoffe zu erschliessen. Ein zusätzliches Plus: Pilzfäden filtern Schwermetalle.

Lägerngrat

Unbeschwert springt das Reh durchs Gras, noch hat es mich nicht gewittert. Doch gleich schnellt sein Kopf hoch, und es blickt mich, mit hochgestellten Lauschern, an. Es scheint, ich wirke harmlos: Das Reh beginnt zu äsen.

Hinter der Wiese erhebt sich Regensberg mit seinem Schloss, ein malerisches Dorf. Von dort bin ich losmarschiert, mit Barbara aus Luzern. Wir wollen, bei schönstem Wetter, über die Lägern nach Baden wandern.

Metallisch glitzern die Ährchen der Tauben Trespe in der Sonne. Ihre dünnen «Äste», an denen die Ährchen hängen, zittern und flattern im Wind. Die Taube Trespe ist eines der schönsten Gräser, das ich kenne. Mit ihren grossen Ährchen und langen Grannen fällt sie selbst «Laien» auf.

Da und dort entdecke ich das Nickende Perlgras – mein Lieblingsgras. Seine violett-weiss-grün gestreiften Ährchen gleichen Perlen, die, wie bei einer Perlenkette, dicht an dicht gereiht sind.

Je nach Gras weisen Ährchen eine längliche oder rundliche Form auf, sind gross oder klein. Sie setzen sich aus einer oder (meist) mehreren Blüten zusammen und stellen einen Teilblütenstand dar. An ihrer Basis werden die Ährchen von Hüllspelzen (trockenen Blättern) umschlossen. Zur Blütezeit öffnen sich die Ährchen und geben den Blick auf Staub- und Fruchtblätter frei. Die Narbe der Fruchtblätter ist deutlich zweigeteilt.

Durch lichten Wald gelangen wir zum Restaurant Hochwacht. Kaum haben wir einen Platz ergattert und uns Tee geholt, vernehmen wir das Klappern von Hufen: Eine Gruppe von sechs Reitern nähert sich hoch zu Ross und sitzt ab. Ein Pferd nach dem anderen wird angebunden. Nur eine Reiterin spaziert mit ihrem Schimmel umher, der nervös wirkt und sie immer wieder mit dem Kopf anstösst. Was sie nicht stört. Schliesslich wird auch der Schimmel festgebunden.

Wir lassen uns von der Sonne wärmen und bewundern die endlose Reihe der Schneeberge, die sich über die ganze Breite des Horizonts hinzieht. Einfach fantastisch. Im Vordergrund, unverkennbar und gleichzeitig fremd aus der ungewohnten Perspektive, der Üetliberg. Am Himmel kündigt ein einzelner Föhnfisch den Wetterumsturz von morgen an.

Plötzlich splittert Holz, jäh schrecken wir aus unseren Träumen: Ein Pferd nach dem anderen bäumt sich auf und reisst sich los. Es dauert einige Zeit, bis die Reiter ihre Pferde wieder eingefangen und gebändigt haben. Ein Schreckmoment – wir brechen auf zum Grat.

Das Weiss des Kalksteins auf dem Lägerngrat verrät, dass die Lägern geologisch zum Jura zählt. Zuweilen wähnen wir uns auf dem schmalen, steinigen Pfad allerdings eher in einem Dschungel, mit hoch erhobenen Armen kämpfen wir uns durch mannshohes, von Weissdorn dominiertes Gebüsch.

Ich schnuppere immer wieder, etwas riecht unangenehm. Dem seltsamen Geruch komme ich endlich auf die Spur, als ich meine Nase in die weisse Blütenkugel eines Wolligen Schneeballs stecke – er ist der Übeltäter. Dass er so streng riecht, hat seinen Grund: Der Wollige Schneeball ist auf die Bestäubung durch Fliegen spezialisiert. Und diese lassen sich nun mal nicht mit Wohlgeruch anlocken.

Zu unseren Füssen blüht Rundblättriges Hasenohr in grossen Mengen. Es zeigt ausgesprochen trockenen Boden an. Ich kenne das Rundblättrige Hasenohr sonst nur aus Büchern, denn es ist in der Schweiz selten und stark gefährdet. Dazwischen leuchten das hübsche Immenblatt, das Kalk liebt, und Klatschnelken. Barbara, die ein Blatt der Klatschnelke probiert, spuckt es gleich wieder aus und klagt, es schmecke bitter.

Mitten auf dem Grat kommt uns ein junger Mann entgegen, der, alleine unterwegs, beim Gehen in sein iPhone spricht, das er fest an sein Ohr gepresst hält.

Schliesslich erreichen wir den Aussichtspunkt Burghorn und verlassen den Grat. Auf der nächsten Bank, so vereinbaren wir miteinander, werden wir pausieren. Doch eine Bank kommt und kommt nicht, dafür ein Hochsitz, den wir kurzerhand zur Rastbank umdeklarieren. Es sitzt sich gut dort oben, beschwingt baumele ich mit den Beinen.

Nach dem Chaltbrünneli, an dem wir unsere leergetrunkenen Flaschen auffüllen, rasen auf der Forststrasse zwei Mountainbiker ungebremst auf uns zu. Sie vertrauen voll und ganz darauf, dass wir ihren Lärm schon von weitem hören (was zutrifft) und zur Seite treten. Nachdem sie an uns vorbeigebolzt sind, fragen wir uns nur, was wohl geschähe, würden sie an einen Hörbehinderten geraten.

Kurz vor Baden steigen wir zum Schartenfelsen hoch, der über Baden und über der Limmat, die schäumend über Staustufen fällt, steil in die Höhe ragt. Wildrosen und Blutroter Storchenschnabel säumen den felsigen Weg hinunter in die Stadt.

In der Altstadt von Baden suchen wir ein Café mit Konditorei, haben aber Pech, denn es ist 16 Uhr – die Lokale schliessen. Schliesslich fragen wir um Rat und werden an den «Himmel» verwiesen, der in der Nähe des Bahnhofs liegen soll, und sind überglücklich, als wir ihn dann finden und sich dazu noch herausstellt, dass es dort Platz für uns hat.

Samstag, 21. Mai 2016

Gräser
Gräser lassen sich in Süssgräser und Sauergräser unterteilen.

Süssgräser zeichnen sich durch einen runden Stängel mit deutlichen Verdickungen (Knoten) aus. Eine oder mehrere Blüten bilden ein Ährchen, mehrere Ährchen einen Blütenstand. Der Begriff Ährchen bezieht sich immer auf Süssgräser. Trespen und Perlgräser, aber auch Schilf zählen zu den Süssgräsern.

Sauergräser besitzen typischerweise keinen runden, sondern (meist) einen dreikantigen Stängel und weisen keine Knoten auf. Die bekanntesten Sauergräser sind Seggen und Wollgras.

Das Weisse Waldvögelein

Ungläubig reibe ich mir die Augen. Vor unserem Haus, mitten in der Stadt, nur zehn Zentimeter neben der Strasse, steht eine Orchidee. Ein Weisses Waldvögelein. Damit nicht genug: Nur ein paar Schritte weiter blühen so viele Weisse Waldvögelein, dass ich mit dem Zählen gar nicht mehr nachkomme. Nach fünfzig gebe ich auf. Ich schätze, es könnten so gegen hundert Exemplare sein. Da wohne ich also offensichtlich mitten im «Weisses-Waldvögelein-Hotspot» von Zürich – und kriege es jahrelang nicht mit.

Das mag einerseits daran liegen, dass ich zuweilen mit Scheuklappen durch die Gegend laufe, was ich nicht abstreiten will. Es könnte aber auch damit zu tun haben, dass die Orchideenblüte extrem vom Wetter abhängt. Entscheidend ist nicht nur das Frühjahr, sondern sind auch der vorjährige Sommer und Herbst (weil dann Energie in die Wurzelknollen eingelagert wird). So kann die Anzahl der blühenden Orchideen an einem Ort von Jahr zu Jahr um den Faktor zehn bis fünfzig schwanken. Viel stärker als bei anderen Blütenpflanzen. Nicht selten blüht an einem Ort jahrelang überhaupt keine Orchidee – und dann gleich eine grosse Zahl.

Wenn Wetter oder Licht nicht stimmen, fallen Orchideen in einen «Schlafmodus» und harren unterirdisch aus. Oder bilden Jahr für Jahr zwar Blattrosetten, aber weder Stängel noch Blüten – dann spricht man von «sterilen» Individuen. Und wartet auf bessere Zeiten.

Und dann, plötzlich, sind sie wieder da.

Unglaublich.

Sonntag, 22. Mai 2016

Der Hase und der Igel

Fast trete ich auf ihn, den Igel, der, mit gesenkter Schnauze, auf dem Gehsteig steht. Nach einem Moment des Zögerns kehrt er um, trottet weg und verschwindet im Gebüsch.

Es ist morgens um halb acht, die Arbeit ruft.

Der Igel ist eines der ältesten Säugetiere überhaupt. Schon zu Zeiten des Mammuts schnüffelte er umher – auf seine exzellente Nase kann er sich verlassen. Weil Igel gerne in Hecken leben, werden sie auf Englisch hedgehogs genannt.

Eine Stunde später döse ich im Zug vor mich hin, den Kopf ans Fenster gelehnt. Für Sekunden nur öffne ich die Augen – da sitzt ein Hase im Feld. Gleich hoppelt er weg, fröhlich hüpft sein weisses Schwänzchen auf und ab.

Wenn er das Triemli vor dem Igel erreichen will, muss er sich tüchtig sputen.

Donnerstag, 26. Mai 2016

Sommer pur

Atmen, Keuchen, Atmen – Tritt für Tritt kämpfe ich mich den Berg hinauf mit meinem Bike. Kein Mensch ist unterwegs und auch die Vögel verhalten sich ungewohnt still. Vom See unten dringt das Tuten eines Schiffs zu mir. Es ist herrlich warm, ein laues Lüftchen weht. Sommer pur.

Die Farbe Grün hat den Üetliberg zurückerobert, der Bärlauch ist verblüht. An den Sonnenhängen vergilben seine Blätter und verfärben sich gelb, bald wird er ganz vom Waldboden verschwunden sein – bis zum nächsten Jahr. Nur an den schattigen, feuchten Stellen leuchtet es noch immer üppig weiss. Grün, Gelb und Weiss bilden am Hang ein Mosaik.

Hinter einer Kurve blüht das Langblättrige Waldvögelein. Ich glaube mich erinnern zu können, dass an dieser Stelle auch in den letzten Jahren jeweils eines stand. Im Gegensatz zum Weissen Waldvögelein ist das Langblättrige Waldvögelein reinweiss und hat längere, schmälere Blätter.

Auf halber Höhe endlich begegnet mir jemand, eine ältere Frau, die bergab marschiert. Energisch schwingt sie ihre Stöcke. Darüber, dass keine Biker unterwegs sind, bin ich im Grunde genommen ganz froh, denn ich mag es nicht sehr, überholt zu werden oder, schlimmer noch, dazu verleitet zu werden, über meine Grenzen zu gehen.

Bei der Endstation, auf 2671 Fuss über Meer, beginnt eine andere Welt. Die Üetlibergbahn entlässt Massen von Menschen, und alle eilen sie dem gleichen Ziel zu: dem Gipfel. Nachdem der Strom etwas nachgelassen hat, blicke ich mich um. Die Alpen, die man bei klarem Wetter von hier aus sieht, liegen heute im Dunst. In der Ferne türmen sich Blumenkohl-Wolken auf.

Abwärts fährt es sich leicht, der Fahrtwind ist angenehm. Beim Spielplatz Fuchs drängt sich eine grosse Gruppe um die neu angelegte Feuerstelle mit Eibenmotiv. Jemand spricht, das Wort Holznutzung fällt, mehr verstehe ich nicht. Unten beim Triemli habe ich gelesen, dass morgen ein Eibenlehrpfad eingeweiht werden soll.

Das Eibenvorkommen am Üetliberg stellt eines der letzten grossen Europas dar – mehr als 80 000 Eiben bedecken seine Flanken.

Eiben waren früher begehrt. Ihr gleichermassen hartes wie elastisches Holz wurde für Pfeilbogen, Lanzen und Speere verwendet. Im Mittelalter war der Bedarf an Eibenbogen so gross, dass die Eibe übernutzt wurde und vielerorts verschwand.

Die Eibe ist die älteste Baumart Europas – ein Relikt aus dem Erdalter Tertiär, das vor mehr als 2,6 Millionen Jahren zu Ende ging. Sie wächst sehr langsam: Günstige Bedingungen vorausgesetzt, benötigt sie sie mindestens zehn Jahre, bis sie eine Höhe von 1,4 Meter erreicht. Und vom Wild nicht mehr verbissen wird. Stimmen die Umweltbedingungen nicht, verharrt sie oft jahrelang auf einer Höhe von zehn bis fünfzig Zentimetern.

Kein anderer europäischer Baum erträgt den Schatten so gut wie sie: Ein Prozent «Freilandlicht» genügt ihr. Mit Ausnahme des leuchtend roten Mantels – des Arillus, der den Samen umgibt – sind alle Teile der Eibe stark giftig. Rehen, Rothirschen, Feldhasen und Vögeln aber macht das Gift nichts.

Weil alte Eiben hohl werden, lässt sich ihr Alter nicht mit Sicherheit bestimmen. Die Schätzungen der Forscher reichen von «selten mehr als 600 Jahre» bis zu ungeheuerlichen «dreitausend Jahren».

Am neuen Eibenbrunnen (der mich gleich an zwei nicht jugendfreie Körperteile erinnert) fülle ich meine Trinkflasche. Zwanzig, dreissig Meter weiter, wo letztes Jahr mehrere Rote Waldvögelein ihre Köpfchen zeigten – nichts.

Dafür sitzt eine Rabenkrähe auf einem Ast. Auf Augenhöhe. Neugierig mustere ich sie, denn ich habe neulich in Mark Twains

«Bummel durch Europa» eine überaus köstliche Geschichte über eine Begegnung mit einem Raben gelesen. «Ich beäuge den Raben», hiess es da – aber der Rabe beäugt mich nicht. Stattdessen ignoriert er mich glatt, nimmt keinerlei Notiz. Un-in-ter-es-sant. Gelassen hüpft er auf seinem Zweig ein kleines, kleines Stückchen, dreht und wendet seinen Kopf in alle möglichen Richtungen, nur nicht hin zu mir, hüpft dann auf den Boden, wo er aus einer Pfütze trinkt. Selbstbewusst nimmt er schliesslich auf der Holzbank Platz. Zuerst auf der Rücklehne und dann auf dem Sitz.

Ich lasse den Raben Rabe sein und steige wieder aufs Bike. Bald bin ich unten am Hang.

Im Schatten eines Kirschbaums drängen sich Galloway-Rinder mit ihren Kälbern, sie gehören zum Döltschihof, dem kleinsten Bio-Bauernhof der Stadt. Ihr wuscheliges Teddybärenfell verlockt zum Streicheln. Neben der Weide, dort, wo die Strasse zum Hotel Atlantis rückgebaut wurde, nach dem Abschluss der Bauarbeiten, wuchert Ackersenf in grossen Mengen. Die hohen Pflanzen mit den gelben Blüten fallen schon von weitem auf.

Die Natur gewinnt ihr Terrain in Windeseile zurück.

Freitag, 27. Mai 2016

Amsel, Drossel, Fink und Star

In meinem rechten Ohr sticht es im Minutentakt, und wenn ich schlucke, schmerzt es links im Hals. Das nennt man wohl Symmetrie. Ich bin erkältet, aber will wenigstens ein paar Schritte gehen.

Einige der 97 Weissen Waldvögelein (ich habe nachgezählt) sind verblüht. Bald werden sie ihre Samen streuen, Samen, die mikroskopisch klein und leicht sind, wie bei allen Orchideen. Den federleichten Samen vermag der Wind über weite Strecken zu tragen, aber keimen können Orchideensamen nur dort, wo sie auf Wurzelpilze treffen – sie enthalten kein Nährgewebe, keine Energie.

Im Friedhof Sihlfeld setze ich mich auf eine Bank. Vis-à-vis schläft eine junge Frau.

Schwarze Vögel stochern im Gras, sie bewegen sich synchron. Auf den ersten Blick wirken sie wie Amseln. Der metallische Glanz ihres Gefieders aber verrät, dass es sich um Stare handelt. Jetzt erkenne ich auch, dass sich ihr Gang von demjenigen der Amsel unterscheidet: Stare trippeln, während Amseln hüpfen. Und bei jedem Schritt ruckt der Star mit dem Kopf vor und zurück.

Der Star lebt fast das ganze Jahr über im Trupp oder Schwarm. Schwarm wie Trupp bieten ihm Schutz: Raubvögel können in der dichten Menge einen einzelnen Star nur schwer ausmachen und ergreifen. Und hundert Augen sehen mehr als zwei: Im Schwarm sinkt das Risiko, von einem Greifvogel überrascht zu werden, während gleichzeitig die Chance steigt, einen guten Futterplatz zu entdecken.

Die junge Frau wacht auf, wirft verwirrt einen Blick auf die Uhr und geht.

Auch ich breche auf. Direkt vor mir stolziert eine Rabenkrähe über den Weg, sie würdigt mich keines Blicks.

Nach hundert Metern schaue ich zurück: Der Rabe sitzt auf meiner Bank.

Freitag, 3. Juni 2016

Expedition Uitikon

«1781» lese ich auf einem Brunnen im historischen Dorfkern von Albisrieden, dem ehemaligen Bauerndorf. Noch älter sind die Riegelhäuser, die sich um den Brunnen reihen – viele wurden im 16. Jahrhundert erbaut. Landidylle in der Stadt. Es ist Abstimmungssonntag und mein Partner und ich wollen den Urnengang mit einer «Expedition» nach Uitikon verbinden.

Die ersten Wegweiser, die aus der Stadt hinausführen, finden wir leicht. Tief hängen die Äste einer Eiche. Auch Schwarzer Holunder und Gewöhnlicher Schneeball präsentieren ihre weissen Dolden dicht über unseren Köpfen. Bald verwandelt sich der Hohlweg dann aber in eine stattliche, breite Treppe, die den Hang hochsteigt – und für einen Moment fühlen wir uns beide, unabhängig voneinander, nach Japan zurückversetzt, und meinen, auf der Insel Shikoku zum Seefahrertempel Kompira-San hinaufzuschreiten.

Aus der breiten Treppe wird ein schmaler Pfad, das Déjà-vu verschwindet. Regen tropft von den Bäumen. Auf dem Boden schlängeln sich Regenwürmer und an einem Bergahorn kriecht eine riesige Weinbergschnecke mit prächtigem Häuschen hoch. Vermutlich interessiert sie das Moos. Eine Schleimspur markiert ihren Weg auf dem dicken Stamm.

Weinbergschnecken bewältigen senkrechte Flächen spielend, auch überhängende Strecken stellen kein Problem dar. Der klebrige Schleim verhindert, dass sie herunterfallen.

Eigentlich gleiten Schnecken mehr als dass sie kriechen: Wellenförmige Muskelkontraktionen in ihrem «Fuss» schieben sie auf dem glatten Schleimteppich voran.

Im Herbst vergräbt sich die Weinbergschnecke in der Erde und zieht sich in ihr Gehäuse zurück. Die Gehäuseöffnung verschliesst sie sorgfältig mit einem Brei aus Kalk, der bald zum festen Deckel wird. Und die Schnecke während der Winterstarre vor dem Austrocknen wie vor Parasiten schützt.

Entlang des Ober-Kalbhauerwegs, einer Forststrasse, in den unser Pfad mündet, wachsen Tollkirsche und weisse Ähren-Rapunzel. Weil ihre Früchte langen Krallen gleichen, wird die Rapunzel auch Teufelskralle genannt.

Die Sonne kommt heraus, wir schwitzen. Mein langärmliges Ringelshirt war nicht die beste Wahl. Plötzlich knackt es laut – in langen Sätzen springt ein Reh davon, bringt sich in Sicherheit.

Mitten auf dem Weg liegt ein Schneckenhaus, vorsichtig hebe ich das Haus an: Doch, es ist bewohnt. Die Weinbergschnecke wurde vermutlich auf offener Strecke von der Sonne überrascht. Auf welche Seite des Weges sie wohl will?

Schliesslich öffnet sich der Wald. Neugierig treten wir hinaus: Unter uns drückt sich Uitikon mit seinen noblen Villen an den Hang, in der Senke liegt das Reppisch-Tal. Wir stehen auf dem nördlichsten Ausläufer der Albiskette – aber den nahen Üetliberg, der zur Albiskette zählt, sehen wir nicht. Dichte Wolken verhüllen den «Üetli» und wir können nur vermuten, wo er sich erhebt. Die Waldegg, unser Ziel, liegt am anderen Ende des Dorfes, quasi am Gegenhang.

Überrascht stellen wir fest, dass es hier oben eine Sternwarte gibt. Und ein Hallenbad. Aufgeregt plappert ein kleines Mädchen im Prinzessinnenkleid vor sich hin, während Vater und Mutter Badezeug, Kübel und Schaufeln zum Eingang des Hallenbads schleppen.

«Oh!», stosse ich aus und erstarre so unvermittelt, dass mein Partner sich erschreckt – zwischen Esparsetten und Wundklee habe ich einen Schwalbenschwanz entdeckt. Kurz vor der Waldegg. Der Schwalbenschwanz verweilt gerade lange genug, um ihn sicher zu bestimmen. Er ist der zweitgrösste Tagfalter der Schweiz.

Schwalbenschanzfalter ernähren sich vorwiegend von Nektar. Im Mittelland fliegen die Weibchen der ersten Generation von April bis Anfang Juni. Ihre Eier legen sie hauptsächlich auf Doldenblütlern ab, ihren Raupenfutterpflanzen. Nach einer Woche schlüpfen die Jungraupen, deren Farbmuster einem Häufchen Vogelkot gleicht und Fressfeinde täuscht – perfekte Mimikry. Ältere Schwalbenschwanzraupen hingegen tragen eine farbenfrohe Warntracht, und das nicht ohne Grund: Fühlen sie sich bedroht, so verströmen ihre orangefarbenen Nackengabeln einen penetranten Duft und schlagen den Feind in die Flucht.

Anfang Juli verpuppen sich die ausgewachsenen Raupen. Nur zwei Wochen später schlüpfen die Falter der zweiten Generation, die bis Mitte September fliegt. Im Oktober dann verpuppen sich die Raupen der dritten Generation. Sie überwintern als Puppen, an Pflanzenstängeln hängend – bis im April der Zyklus von neuem beginnt.

Nicht ganz wie Nektar, aber zumindest fast so süss schmeckt die Torta della nonna im Restaurant Waldesruh (Uitikon-Waldegg), mit der wir uns vor dem Rückweg stärken.

Jeden Tag Nektar zu schlürfen, wäre nicht allzu schlecht.

Sonntag, 5. Juni 2016

Wo der Bär herumgeistert

Die Sonne brennt. Durch die Luft segeln Wattebäusche – suchend blicke ich mich um auf meinem Bike. Oben in einer Pappel hängen Flugsamen in dicken Flocken, und diesem Baum entstammt die «Watte» denn wohl auch. Pappeln sind zweihäusig. Also muss diese hier weiblich sein. Für die Verbreitung ihrer Samen setzen Pappeln auf den Wind.

Wo vor zwei Wochen noch Galloway-Rinder weideten, bimmeln nun die Glöckchen von Ziegen. Die Rinder verbringen den Sommer fernab der Grossstadt, auf einer Alp im Bündnerland, erfahre ich auf der Homepage des Döltschihofs.

Unwillig mache ich einem eleganten Auto Platz, das im Schritttempo hinter mir herschleicht. Wahrscheinlich hat sich wieder mal ein Gast des Hotels Atlantis verirrt. Am Waldrand oben, vor dem Fahrverbotsschild, realisiert der Herr im weissen Hemd seinen Irrtum. Und wendet.

Im Wald ist es dunkel und düster. Keine Sonnenflecken, nichts, das Blätterdach ist dicht. Ein, zwei Kurven weiter plötzlich Licht – hier wurde kräftig geholzt, wie die Fällkerben an den Baumstümpfen bezeugen. Die Kerben werden jeweils auf der Seite des Baums herausgesägt, in welche er fallen soll. Mit einem waagrechten Fällschnitt bringt der Forstwart den Baum anschliessend aus dem Gleichgewicht.

Goldgelbe Köpfchen des Wald-Habichtskrauts hängen in den Weg, dazwischen leuchtet die Dunkelviolette Akelei. In meinem Kopf aber geistert der Braunbär umher. Heute Vormittag habe ich mit dem Wildhüter von Oberiberg SZ telefoniert, weil ich hoffte, er könne mir versichern, der Ybrig-Bär habe das Weite gesucht. Denn ich sollte am Roggenstock rekognoszieren für eine botanische Exkursion. Und auf Bärenbegegnungen habe ich es nicht gerade angelegt – obwohl der Braunbär mich fasziniert. Mir reicht ja schon ein Hund, um in Schweiss auszubrechen.

Tatsächlich weiss niemand, wo sich der Bär aufhält – der macht das genau richtig. Nur ein scheuer Bär hat wohl eine Überlebenschance in der Schweiz. Vermutet wird, er könnte Richtung Zürich weitergezogen sein. Wie würde ich reagieren, würde er unvermutet über meinen Weg trotten?

Gemäss einer Studie der Forschungsstelle KORA, welche die Situation für Raubtiere in der modernen Kulturlandschaft beobachtet, wurde letztmals Mitte des 18. Jahrhunderts ein Bär im Mittelland nachgewiesen. Allerdings scheint er sich aus der Region Zürich schon wesentlich früher zurückgezogen zu haben, für die Zeit ab 1400, die untersucht wurde, konnten jedenfalls keine Hinweise auf Zürich gefunden werden.

Im Frühjahr ernähren sich Braunbären hauptsächlich von Wurzeln, Gräsern und Kräutern. Bärlauch mögen sie besonders gern (daher rührt auch der Name). Es könnte dem Bären am Üetliberg also durchaus schmecken respektive passen – wären nur nicht ständig so viele Menschen unterwegs.

Direkt neben der Forststrasse, mitten im Wald, hat ein Mann sein Badetuch ausgebreitet. Offenbar fürchtet er sich nicht vor einem Bär. Zum Sonnenbaden hat er heute auch allen Grund – für die nächsten acht Tage ist Regen angesagt.

Ich überhole eine junge Frau mit ihrem Freund. Eng umschlungen schlendern die beiden bergan, sie in Pink, er in Rot.

In der Ferne ballen sich dicke Wolken zusammen. Kurz vor der Endstation der Üetlibergbahn blüht ein einsames lila Fuchs Geflecktes Knabenkraut am Wegrand. Eine Orchidee. Das Knabenkraut zählt zu den sogenannten Nektartäuschblumen. Mit seinem langen Sporn, der Nektar verspricht, und den dunklen Flecken, die zur Lippe hin weisen, dorthin, wo gewöhnlich eben der Nektar zu holen ist, lockt es Bestäuber an. Und lässt sie leer ausgehen – trotz ihres visuellen «Versprechens» bietet das Knabenkraut keinen Nektar an.

Ein fieser Trick.

Freitag, 10. Juni 2016

Ertappt

Mit einem Ruck setze ich mich auf und drücke mein Gesicht ans Fenster der Üetlibergbahn: Ein Schwarzspecht bearbeitet mit seinem Schnabel einen abgestorbenen, stehenden Baum. Im Vergleich mit dem Buntspecht erscheint mir der Schwarzspecht riesig.

Tatsächlich ist der Schwarzspecht der mit Abstand grösste Specht Europas. Unverkennbar sind seine schwarze Farbe und die rote Kappe. Vermutlich habe ich ihn bei der Futtersuche ertappt, denn der Schwarzspecht meisselt oft tiefe Löcher ins Totholz, um an holzbewohnende Insekten zu gelangen. Am liebsten frisst er Ameisen – sie machen 80 bis 90 Prozent seiner Nahrung aus. Aber auch Käfer verschmäht er nicht.

Typisch für den Schwarzspecht sind grosse, längliche Löcher mit eckigem Umriss im stehenden Totholz.

Für Schlaf- und Bruthöhlen bevorzugt der Schwarzspecht mächtige, lebende Bäume wie etwa hundertjährige Buchen. In der Regel nutzt er dieselben Höhlen über Jahre. Gibt er eine Höhle auf, findet sich rasch ein Nachmieter: Ganze 58 Tierarten stehen Schlange, darunter auch der Star.

Sonntag, 12. Juni 2016

Spaziergang mit Mutter

Hinter einer Regenwand, die gegen Wädenswil hin abzieht und dann zum Zürichsee abdreht, wagen meine Mutter und ich uns aus dem Haus. In diesen Tagen fällt der Regen mit solcher Regelmässigkeit, dass selbst die kleinste Pause genutzt werden will. Der Regen gebärdet sich toll, stürzt sintflutartig vom Himmel, nimmt bedrohliche Gestalt an. Es fehlt ihm jedes Mass. Hänge rutschen, Bodensee wie Thur sind randvoll und schwappen über.

Im dichten Grün, am Fusse der Halbinsel Au, dort, wo im vorvergangenen Jahr das Flachmoor regeneriert wurde, schneiden Männer Schilf. «Zivildienst» steht auf ihrer Kleidung. Neben dem Fahrweg, welcher die Bahnlinie entlangführt, türmt sich das geschnittene Schilf auf. Wir beugen uns darüber.

Schilf ist ein Süssgras. In einem Flachmoor wird es dann zum Problem, wenn es sich unkontrolliert ausbreitet. Es wächst sehr schnell (bis drei Zentimeter pro Tag), überragt bald die anderen Pflanzen und stiehlt ihnen so das Licht. Jahr für Jahr produziert das Schilf eine gewaltige Biomasse, die nach dem Absterben den Moorboden düngt. Und Dünger ist Gift fürs Moor – zumindest für die vielen seltenen Pflanzen, die nährstoffarme Böden brauchen.

Im Ausee, der für seinen Eisvogel bekannt ist – und für die vielen Hochzeiten, die im nahen Schloss stattfinden –, hat die Weisse Seerose *Nymphaea alba* ihre Blüten geöffnet: Vollkommen, rein und wunderschön, wie es einer Nymphe gebührt.

Die Blätter der Weissen Seerose sind von Durchlüftungsgewebe durchzogen und schwimmen auf dem Wasser. Entsprechend sitzen die Stomata auf der Blattoberseite, anders als bei Landpflanzen. In ihrem Stängel ziehen sich Luftkanäle bis zu den Wurzeln hinunter und versorgen diese mit Luft. Die Samen ihrer Früchte schwimmen, dank luftgefüllten Säcken. Zerfällt die Frucht, treiben die Samen im Wasser und werden durch Wind und Wellen verbreitet. Manchmal kleiben sie auch am Gefieder eines Wasservogels und werden über weite Strecken transportiert. Nach einiger Zeit zersetzen sich die Schwimmsäcke – der Same sinkt auf den Grund und keimt.

Am gegenüberliegenden Ufer stehen zwei Graureiher im Ausee. Irgendwo knallt ein Schuss, sogleich heben sie ihre Schwingen und fliegen davon.

Wir hingegen folgen dem Pfad, der hinter dem Schloss auf die Halbinsel hochführt. Langsam, damit meine Mutter nicht ausser Atem gerät. Zwischen langen, grünen Blättern leuchten Kirschen rot.

Von Horgen her werden dunkle Wolken herangeschoben – ich denke ans Umkehren. Meine Mutter aber möchte noch durch den Park bei der Vorderen Au, und so treten wir, zwischen Reben und Rosen, in den Park ein. Seit ich vor bald zwanzig Jahren nach Zürich gezogen bin, war ich nie mehr hier.

Viel hat sich nicht geändert. Die uralten, mächtigen Linden greifen mit ihren Ästen noch immer in den Zürichsee, und zwischen ihren Stämmen liegt, auch das ein vertrautes Bild, eine Taucherflagge, blau-weiss. Es wird also immer noch getaucht. Ab und zu geschieht es, dass sich jemand in den labyrinthartigen Höhlen verirrt und nicht mehr herausfindet. Das schreckt die Tauchwilligen nicht ab. Meine Mutter und ich suchen in den Wellen nach Luftblasen, finden aber keine.

«Was um Himmels willen ist mit der Insel geschehen?», will ich von meiner Mutter wissen, als wir um die nächste Ecke biegen: Dort, wo früher die Badeinsel lag, bewachsen und baumbestanden, ragt kahler Fels und Kies knapp über den Wasserspiegel. Meine Mutter erklärt, die Insel sei umgestaltet worden. Einer Schwalbe wegen, glaubt sie sich zu erinnern. Und tatsächlich, auf einer Infotafel wird ausgeführt, dass die Verschönerung der Flussseeschwalbe wegen geschah, die eines Tages hier brüten könnte – in den Hafen von Horgen hat sie schon gefunden. Bis jetzt traute sich aber, wie ich später erfahre, erst ein Mittelmeermöwen-Paar auf den wüsten Flecken. Immerhin.

Als Kind kam mir der Steg viel grösser vor, der ein paar Meter in den See ragt. Hier haben wir gebadet, in schwülen Sommernächten, wenn es zum Schlafen gar zu heiss war. Auch heute wird gebadet. Drei Frauen steigen aus dem Wasser, eine grüsst meine Mutter, eine entfernte Bekannte.

Auf dem Rückweg begegnen wir zwei Männern, die Taucherflaschen schleppen, und nehmen an, es handle sich bei ihnen um die Besitzer der ausgebrachten Flagge.

Am Sumpfgraben vorbei, in den ich als Dreijährige fiel, beim Versuch, hinüberzuspringen, kehren wir zum Bahnhof Au zurück. Neuer Regen fällt.

Die Zivildienstler zersägen die letzten Schilfstängel, dann packen sie zusammen. Das Moor ist vom Schilf befreit.

Dienstag, 14. Juni 2016

Türkenbund

Ah! *Jetzt* blüht das Knabenkraut, *jetzt* fluoreszieren die Türkenbundlilien in all ihrer Pracht. Eigentlich suche ich am Üetliberg nach Wald-Habichtskraut und Geissfuss für einen Kurs, wollte nur schnell den Hang hoch- und wieder heruntereilen – aber dem Zauber der Türkenbundlilie kann ich mich nicht entziehen.

Kopfüber hängen ihre purpurn gesprenkelten Blüten. Die einzelnen Blütenblätter biegen sich so stark zurück, nach oben, dass sie einen Turban bilden – einen Türkenbund. Sie sind mit Öl überzogen und glitschig, weswegen sich fast kein Bestäuber an ihnen festzuhalten vermag. Schwärmer und andere Falter mit langem Saugrüssel bestäuben sie freischwebend und gelangen so an den dargebotenen Nektar.

Schwärmer sind meist nachtaktiv. Deshalb verströmt die Türkenbundlilie ihren süssen Duft in der Dämmerung und nachts. Wie Kolibris verharren die Schwärmer beim Saugen in der Luft – das Taubenschwänzchen bringt es auf 70 bis 90 Flügelschläge pro Sekunde. Eine unvorstellbare Zahl.

Wird versehentlich Pollen auf die Narbe derselben Lilie übertragen, geschieht – nichts. Türkenbundlilien sind selbststeril.

Schlammbraun spritzt der Bach, über Nacht hat einmal mehr Regen gewütet. Hastig fülle ich meinen Messbecher und laufe zurück.

Am Waldrand gerate ich mitten in eine Schar aus kleinen Knirpsen, eine Waldspielgruppe. In zu grossen Stiefeln, Regenhosen und -jacken schlurfen sie vor mir her. «Ouououou», stimmt einer der Winzlinge an, gleich machen es ihm alle nach: «Ouououououou», singen sie im Chor. Begeistert springen und stolpern sie bergab, zuerst vorwärts, dann rückwärts, wilder und immer wilder. Einer der Buben fällt einem Herrn im Rollstuhl, der von seiner Frau den Hang hochgeschoben wird, praktisch in den Schoss – der nimmt es mit Humor.

Freitag, 17. Juni 2016

Stille

Am Ufer des Döltschibachs, der wegen der Hitze der letzten Tage nur wenig Wasser führt, schüttelt sich ein Bergahorn. Verblüfft bleibe ich stehen. Setzt mir die Hitze etwa so stark zu, dass ich halluziniere?

Nein, direkt neben dem Ahorn schwebt eine Art Balken horizontal in der Luft, der Balken hängt an einem Seilzug. Unter dem Balken mache ich rote Helme mit gelben Gehörschützen aus. Und Äste: Das angeschwemmte Totholz wird entfernt.

Die vergangenen Unwetter haben im Bachbett eine Unmenge an Schwemmholz deponiert. Kreuz und quer liegen die Äste und Stämme, ein einziges Durcheinander.

Geduldig warte ich darauf, dass sich der Balken mit seiner Fracht bewegt – aber es tut sich nichts und so wende ich mich schliesslich wieder dem Üetliberg zu.

Am Wegrand trägt das Kleine Springkraut seine blassgelben Blüten auf langen Stielen. Die im Spätsommer reifen Samen schleudert es bis zu vier Meter weit, sobald Mensch, Regen oder Tier eine Frucht berühren. Mitunter haften die geschleuderten Samen auch an Tieren. Und werden so transportiert.

Weil sich die Früchte des Springkrauts bei Reife öffnen und ihre Samen einzeln «streuen», zählen sie zu den Streufrüchten. Im Gegensatz dazu geben Schliessfrüchte (etwa Kirschen) ihre Samen erst beim Verrotten frei.

Auch die Mandelblättrige Wolfsmilch, die zwei Kurven weiter blüht, schleudert ihre Samen. Und auch sie nutzt Tiere: Das ölhaltige Anhängsel ihrer Samen (Elaiosom) lockt Ameisen und verleitet diese dazu, die Samen wegzuschleppen.

Wolfsmilch-Arten kommen ganz ohne Blütenblätter aus. Stattdessen setzen sie auf auffällig gestaltete gelbe Nektardrüsen und Hochblätter, um Bestäuber anzuziehen. Die Form ihrer Nektardrüsen stellt ein wichtiges Bestimmungsmerkmal dar.

Alle Wolfsmilch-Arten produzieren einen giftigen Milchsaft – die Wolfsmilch. Diese dient der Wundheilung und als Schutz vor Frass. Schon bei kleinsten Verletzungen tritt der Milchsaft aus, gerinnt rasch und verschliesst die Wunden.

Der Spielplatz auf der Anhöhe liegt wie ausgestorben da. Nichts rührt sich. Ein ungewohnter Anblick – sonst ist hier doch immer viel los. Es ist wohl einfach zu heiss.

Meinen Durst stille ich am Eibenbrunnen, langsam gewöhne ich mich an ihn. In langen Schlucken trinke ich das kühle Wasser und störe mich nicht daran, dass es in alle Richtungen spritzt. Ein älterer Mann gesellt sich zu mir, auch er hat Durst und schwitzt.

Auf der Krete geht ein angenehm kühler Wind, leise rascheln und tuscheln die Blätter. Bald verschluckt mich der Wald.

Ein verwunschener Wald. Abertausende Insektenflügel erfüllen ihn mit ihrem Sirren und Summen, mit ungeheurer Kraft vibriert der ganze Wald. Licht und Schatten spielen. Zwielicht. Über das Vibrieren legen sich Vogelstimmen: Da ruft eine Singdrossel, da trillert der Buchfink, dort perlen die Strophen eines Rotkehlchens, stürzen sich übermütig in die Tiefe und klettern behutsam, tastend, fragend wieder hoch. Unter meinen Sohlen knirscht Kies.

Lange lausche ich in den Wald. Lausche dem Summen, lausche dem Singen, lausche der Stille, die hinter den Geräuschen liegt.

Weiter und weiter breitet sich die Stille in mir aus – bis sie mich ganz ausfüllt.

Freitag, 24. Juni 2016

Böller, Bär und Bergfrühling

Wie ein Donnerschlag knallt der Böllerschuss über das Tal. Ein zweiter und dritter folgen – Oberiberg feiert seinen Kirchenpatron. Sollte der Bär, der vor drei Wochen im Hoch Ybrig gesichtet worden ist, in der Nähe sein, wird er weit, weit fliehen.

Mit Handzeichen signalisieren uns die Böllermänner, dass wir passieren können. Ich bin mit einer Gruppe unterwegs, zum Roggenstock. Eine botanische Exkursion. Zwar zeigt sich die Sonne nicht und Wolken verhüllen die Berge, aber zumindest schüttet es nicht.

Durch regennasse Wiesen voll rosa Schlangenknöterich und blauem Waldstorchenschnabel wandeln wir bergan. Der Bergweg, der bald von der Strasse abzweigt, klettert steil den Hang empor und führt exakt an der Stelle vorbei, wo vor Jahren ein Felssturz niederging. Wild verstreut liegen die grossen Brocken.

Im Gras leuchten Goldfingerkraut und Goldpippau orange, die gelben Kugeln der Trollblume aber – auch Goldköpfchen genannt – überstrahlen alles. Die vielen Blütenblätter der Trollblume neigen sich zusammen und bilden eine Kuppel. Um zu demonstrieren, dass im Innern der Kuppel neben zahlreichen Staub- und Fruchtblättern auch Nektarblätter sitzen, öffne ich eine ihrer Blüten mit den Fingern. «Da kommt doch kein Bestäuber an Pollen und Nektar heran», überlegt eine Teilnehmerin laut, «die Blüten sind ja praktisch verschlossen.» Tatsächlich gelingt es nur kleinen Käfern und Fliegen, ins Blüteninnere zu krabbeln.

Manche dieser Fliegen legen ihre Eier in die Fruchtknoten der Trollblume. Die geschlüpften Fliegenlarven fressen dann von den Trollblumensamen. Forscher haben festgestellt, dass die Trollblume bis zu sechs Fliegenlarven pro Blüte verkraftet: Der Nutzen durch die Bestäubung überwiegt. Sind es mehr Larven, verschiebt sich das Gleichgewicht in Richtung Schaden. Das geschieht jedoch selten, denn die Fliegen sind auf ihren Wirt genauso angewiesen wie er auf sie.

In den Bergwiesen wächst der Gelbe Enzian, der mit seinen grossen, gegenständigen Blättern auch ohne Blüten auffällt. Der Gelbe Enzian wird über 60 Jahre alt, fast so alt wie ein Mensch. Entsprechend blüht er erst mit zehn Jahren.

Wir halten. Der heftige Gewitter-Regen gestern hat da und dort die Erde weggespült und mitten im Weg ein Stück Enzianwurzel freigelegt: Sie ist dick wie ein Arm. Um seine Wurzeln vor Frass zu schützen, lagert der Gelbe Enzian Bitterstoffe ein. Im Kampf gegen den Menschen nützt ihm das aber nichts – aus den Wurzeln des Gelben Enzians, der in der Schweiz regional geschützt ist, wird gerne Schnaps gebrannt.

Weiter oben überziehen die grossen, blauen Glocken des Kalk-Glocken-Enzians den ganzen Hang bis hinauf zum Grat, dazwischen eingestreut sind Mehlprimeln in Rosa, Läusekraut in Weiss und Pink und der kleine Frühlingsenzian in Blau. Vom ähnlichen Silikat-Glocken-Enzian unterscheidet sich der Kalk-Glocken-Enzian durch das Fehlen olivgrüner Streifen. Wie sein Name verrät, wächst er ausschliesslich auf Kalk. Wir können deshalb auf einen kalkhaltigen Untergrund schliessen.

Mit jedem Schritt Richtung Grat lassen wir den Sommer mehr und mehr hinter uns, durchwandern den prächtigsten Bergfrühling, den man sich vorstellen kann, und kommen schliesslich, am Grat, im frühesten Frühling an. Hier blühen Alpensoldanellen noch in grosser Zahl und zeigen an, dass der Winter mit seinem Schnee erst vor kurzem gewichen ist. Die zarten, violetten Glöckchen mit den vielen Troddeln sind erste Frühlingsboten. Mit ihrer dunklen Farbe absorbieren sie die Sonneneinstrahlung – und schmelzen sich durch den Schnee.

Am Grat rasten wir und verzehren die mitgebrachten Brote. Im Falle von Andreas, einem Teilnehmer, glutenfrei. Unser Blick fällt auf blühende Bergwiesen und hinab ins Tal, von wo erneut

Böllerschüsse hinaufdringen. Plötzlich hören wir Schritte: Vom 1777 Meter hohen Gipfel des Roggenstocks her schreitet eine einsame Gestalt auf uns zu, die sich als Bergwanderin entpuppt. Wir grüssen. Dann streichen Nebelschwaden heran und hüllen uns mit ihrem feuchten Weiss ein, die Aussicht schwindet. Wir schlagen die Faserpelzkragen hoch und reiben die klammen Hände – besser, wir brechen bald auf.

Beim Abstieg zur Roggenegg überraschen wir ein Murmeltier, das nicht flink genug in sein Erdloch flüchtet. Überall entdecken wir seine Höhlen und Gänge.

In der Alpwirtschaft Roggenegg dann, in der ich zum ersten Mal vor mehr als zwanzig Jahren einkehrte, zusammen mit meinem Vater, der mich sicher auf den Gipfel führte, treffen wir auf Ausflügler, auf den «Roggen-Fredy», der die Wirtschaft seit Urzeiten führt, und auf eine Ziege. Die Ziege, mit erstaunlich langem Bart, thront auf dem Stalldach und betrachtet uns von oben herab kritisch.

Auf dem Weg zurück nach Oberiberg durchqueren wir das Tubenmoos, das voller Knabenkraut steht – genau genommen ist der ganze Berg mit Knabenkraut übersät, hier im Moor aber stehen die dunkelroten Blüten besonders dicht beisammen. Zwischen Knabenkraut und Torfmoos blitzen erste Haarschöpfe des Scheiden-Wollgras silbern.

Umwerfend.

Sonntag, 26. Juni 2016

Kurzmeldung Ybriger Bär

Am 11. Juli lese ich, dass der Hoch-Ybrig-Bär erneut gesichtet wurde. Er wandert ins Muotathal SZ. Davor hatte er sich im Schächental UR aufgehalten, wie eine am 14. Juni gefundene Spur belegt.

Der Ybriger Bär ist der erste Bär seit 212 Jahren, der den Kanton Schwyz betritt. 1804 war der damals letzte Bär in Lidernen zur Strecke gebracht worden.

Die Schweizer Grenze überquerte der Ybriger Bär am 29. April 2016 beim Splügenpass, von Italien her. Dann marschierte er nach Thusis (8. Mai) und weiter nach Trun GR, wo er am 11. Mai in eine Fotofalle tappte.

Von Hexen und Festen

Der Üetliberg-Morgen gehört den Sportlern – den Bikern, Joggern und Walkern –, so würde man jedenfalls meinen. Indes, die erste Frau, die mir heute über den Weg läuft, trägt ein elegantes, rosafarbenes Kleid und hält eine goldene Tasche in der Hand. Ihr langes, blondes Haar ist im Nacken zu einem kunstvollen Knoten geschlungen. Ich trete in die Pedale und überhole die Schöne rasch, sie entstammt wohl dem Atlantis.

Es ist angenehm warm, aber nicht zu heiss, Sonne und Wolken wechseln. Ein Zilpzalp singt.

Im Wald endlich treffe ich auf Joggerinnen, die mit langen Schritten bergab springen. An den Wegböschungen strecken sich Grosses Hexenkraut und Echter Baldrian in die Höhe, darunter leuchtet die Kleine Brunelle violett.

Das Grosse Hexenkraut *Circaea lutetiana* galt einst als Zauberpflanze und wurde für Liebes- und Gegenzauber eingesetzt. Seine Klettenfrüchte heften sich an Tiere und werden weit herum verbreitet. Ihren Namen trägt die Gattung Circaea von der griechischen Göttin Circe, die mit ihren mächtigen Zauberkräften Männer «bezirzte» und in zahme Löwen oder Wölfe verwandelte (im Falle von Odysseus' Gefährten waren es allerdings Schweine).

Auch dem Echten Baldrian mit seinen rosa Blüten wurden magische Kräfte nachgesagt. So sollte er vor bösen Geistern oder Hexen schützen. Um Selbstbestäubung zu verhindern, kombiniert der Echte Baldrian gleich drei Strategien: Seine Blüten sind vormännlich (d.h. die Staubblätter sind vor den Fruchtblättern reif), selbststeril – und zuweilen eingeschlechtig. Beim Echten Baldrian finden sich deshalb neben zwittrigen auch rein weibliche und rein männliche Pflanzen.

Die Früchte des Baldrians hängen an einem Schirm aus borstigen Haaren (Pappus). Pustet der Wind in den Schirm, so trägt er ihn weg und mit ihm den Samen.

Fast segle auch ich durch die Luft, als ich versuche, einer winzigen Schnecke mit Haus auszuweichen. Zum Glück für mich und die Schnecke gelingt das Manöver – knapp.

Herrlich ist's dann oben auf dem Berg. Ich bade in der Sonne und blicke zufrieden hinunter auf die Stadt, in der das Zürifäscht tobt, bis es mir doch gar zu warm wird und ich mich wieder in den Sattel schwinge.

Gegenverkehr. Die Menschen marschieren und biken mir in solch dichten Kolonnen entgegen – ganz Zürich scheint unterwegs –, dass ich mein Bike immer mal wieder ein Stück schieben muss. Was ist denn heute los? Warum sind all die Leute nicht in der Stadt am Feiern? Gut, einige der Gefährte, die ich antreffe, sind durchaus kurios und könnten es mit dem Zürifäscht aufnehmen: Erst steuert ein kleiner Pilot seinen roten Rennwagen, der mich an einen Strandsegler ohne Segel erinnert, voll Stolz in einen Busch, dann keucht ein Tandemmountainbike bergauf – auch das eine Rarität.

Beim Eibenbrunnen stelle ich mein Bike ab, um nach der Breitblättrigen Stendelwurz zu sehen, die in der Nähe wächst. Nein, noch immer blüht die Orchidee nicht. Dafür – welch eine Überraschung – präsentiert das Rote Waldvögelein seine Blüten nur einen Meter neben dem Biketrail. Von der Seite betrachtet, weisen seine Blüten tatsächlich Ähnlichkeit mit einem Vogelköpfchen, den Schnabel leicht geöffnet, auf.

Sonntag, 3. Juli 2016

Kunstflieger

«Sri sri sri srieh srieh srieh srieh srieh», schrillen Flugrufe in mein Ohr. Und gleich zischt ein «Geschoss» so nahe an meinem Balkon vorbei, dass ich erschreckt zurückzucke.

Ich klappe mein Buch zu und lege es zur Seite.

Zehn, nein fünfzehn Flieger schiessen durch die Luft, zeigen gewagte Manöver. Manchmal scheint es, als ob alle hinter einem Anführer herjagen würden, dann wieder sausen sie haarscharf aufeinander zu oder verteilen sich kreuz und quer. An den Hauswänden und Dächern entlang vollführen sie halsbrecherische Wendungen und fliegen enge Kurven, fast wie Bumerange.

Ein Flugspiel.

Ich versuche abzuschätzen, wie oft die Flieger mit ihren Flügeln pro Sekunde schlagen, und komme auf vier- oder fünfmal. Später lese ich nach, dass bis zu acht Flügelschläge pro Sekunde möglich sind. Zuweilen beobachte ich, wie ein Jäger plötzlich so stark beschleunigt, dass ich mit den Augen nicht mehr folgen kann und es scheint, als würde er einen gewaltigen Satz durch Raum und Zeit machen.

«Mauersegler oder Rauchschwalbe?», frage ich mich. Ein Blick ins Bestimmungsbuch stellt klar: Es ist der Mauersegler. Die Rauchschwalbe hat viel längere Schwanzspiesse und einen weissen Bauch.

Ausserhalb der Brutzeit kann der Mauersegler mehrere Monate ohne Unterbruch in der Luft verbringen, selbst Schlaf und Paarung vollzieht er im Flug. Dies gilt auch für Jungvögel – von der ersten Sekunde ihres ersten Ausflugs an verbleiben sie in der Luft. Wissenschaftler vermuten, dass sich die beiden Hirnhälften mit Schlafen abwechseln, bewiesen ist das aber nicht.

Bei uns in der Schweiz weilt der Mauersegler von Mai bis Anfang August. Dann zieht er weiter nach Afrika, wo er, südlich des Äquators, überwintert.

Montag, 4. Juli 2016

Zähne

Als Erstes sehe ich Zähne. Die feinen, geschwungenen Zacken verleihen dem Mittellappen der Unterlippe der Kleinen Brunelle ein grimmiges Aussehen, wie der Unterkiefer eines Krokodils. Fürchten die Bestäuber nicht, in den Schlund eines Ungeheuers zu geraten?

Ich verschiebe den Fokus meiner Zehnfachlupe mitten in den Schlund: Alles, die ganze Blüte, schimmert und fluoresziert, Staubblätter und Fruchtblätter eingeschlossen. Weiss, Violett und Lila funkeln um die Wette.

Mit der Lupe verfolge ich ein glitzerndes Staubblatt bis zu seinem Grund, und siehe da, es ist mit der Oberlippe verwachsen. Je zwei Staubblätter sind an Ober- und Unterlippe befestigt. Typisch für Lippenblütler.

Auch die Kelchblätter schimmern, dezent, sie tragen einen gewaltigen Haarkranz. Vorsichtig zupfe ich die Kronblätter weg: Im Innern des Blütenkelchs verbirgt sich ein vierteiliger Fruchtknoten.

Ich lasse die Lupe sinken.

Die Krone der Kleinen Brunelle misst einen Zentimeter.

Unscheinbar.

Dienstag, 5. Juli 2016

Karussell

In meinem Kopf drehen sich die Gedanken wie auf einem Karussell, immer und immer im Kreis. Um ihnen zu entfliehen, laufe ich, so schnell ich kann, bergauf.

Eine Joggerin fragt mich auf Englisch, wo es hier zum Üetliberg geht, und ich zeige ihr den Weg – in direkter Linie den Hang hoch.

Mauerlattich zieht vorbei, Hasenlattich und Wald-Witwenblume folgen. Hoch ragt der Gewöhnliche Wasserdost mit seinen hanfähnlichen Blättern. Er wächst, wie sein Name verrät, auf feuchtem und nährstoffreichem Boden. Ein schwarz-weisser Falter lässt sich auf seinen Blättern nieder und fächelt mit den Flügeln langsam auf und ab. Vorsichtig nähere ich mich, um ihn zu betrachten – was mir vorher misslang, als er hektisch um eine Rote Heckenkirsche flatterte und keinen Moment stillhielt.

Auf der Flügeloberseite trägt der Schmetterling weisse Fleckenbinden und einen feinen, weissen Rand. Seine Flügelunterseite ist viel heller, aber auch hier sind die weissen Fleckenbinden deutlich zu erkennen.

Die Bestimmung zu Hause, aus der Erinnerung, fällt schwer. Ich tippe auf den Kleinen Eisvogel, eine Waldart, deren Raupen an der Heckenkirsche fressen und an ihr auch überwintern. In einem eingerollten, zusammengesponnenen Blatt. Der Kleine Eisvogel legt seine Eier im Juli und August ab – wer weiss, vielleicht habe ich ihn bei der Eiablage überrascht. Die Falter ernähren sich von Schweiss, Aas und Kot sowie von Honigtau (zuckerhaltige Ausscheidungen von Blattläusen, die an Blättern, Nadeln oder Pflanzenstängeln saugen), nur selten von Nektar.

Im oberen, steilen Hang stosse ich auf die Rundblättrige Glockenblume. Die zierliche Blume mit ihren nickenden lila Glöckchen und den herzförmigen Blättern am Grund, die eine Rosette bilden, kenne ich aus den Bergen. Hier aber sehe ich sie zum ersten Mal. Sie wächst auf felsigem Grund. Im Gegensatz zum Wasserdost zeigt sie ausgeprägt mageren Boden an und verträgt keinen Dünger.

Wenn eine Pflanze feuchten oder mageren oder welchen Boden auch immer anzeigt, so bedeutet das (in der Regel) nicht, dass sie diese Verhältnisse *mag,* sondern lediglich, dass sie sich bei diesen Verhältnissen am besten gegen Konkurrenten durchsetzen kann. Könnte sie wählen und gäbe es keine Konkurrenz, zöge sie etwas weniger feuchte respektive nährstoffreichere Verhältnisse vor und würde besser gedeihen.

Zwei Kurven weiter, am Wegrand, hat die Wegwarte ihre blauen Blütenköpfchen geöffnet und der Sonne zugewendet. Die Köpfchen der Wegwarte öffnen sich jeweils nur für einen einzigen Halbtag. Bereits gegen Mittag beginnen die Blüten zu welken und zu verblassen – das Köpfchen schliesst.

Endlich gelange ich zum Eibenbrunnen. Rund um die Feuerstelle drängen sich Kinder im Vorschulalter, jedes hält einen Stecken mit Schlangenbrot fest in der Hand und blickt erwartungsvoll.

Kind müsste man sein!

Im verwunschenen Wald tanzen Tausende von glänzenden Punkten, unentwegt. Lichtstrahlen, die durch die Baumkronen fallen, beleuchten die Punkte hell und machen ihren Tanz sichtbar. Manche Punkte schwirren wie meine Gedanken im Kreis. Immer und immer wieder. Ab und zu fliegt ein grösserer auf die kleineren Punkte zu und versetzt sie in hektische Flucht. Ich tue es ihm gleich.

Freitag, 8. Juli 2016

Grünfink

Mit jedem Tag verstummen mehr und mehr Vögel, Balz und Paarung sind vorbei.

Der Grünfink aber, der im Chor der melodiösen Stimmen unterging, singt noch immer. Der olivgrüne Fink mit den gelben Flügelbinden und dem kräftigen Schnabel gehört zu den häufigsten Stadtvögeln, neben Amsel und Spatz. Als Vegetarier ernährt er sich von Samen, Früchten und Blüten, im Winter auch von Knospen. Selbst Eibensamen stehen auf seinem Speisezettel – das Gift macht ihm nichts.

Sein langgezogenes Krächzen, das als «schuäääi», «grrrüüüüi» oder «dchäääi» umschrieben werden kann, klingt vielleicht nicht gerade schön. Aber es fällt auf. Ebenso wie das rasche «gügügügügügü», das oft im Flug erklingt, wie jetzt gerade vor meinem Balkon.

Wie lange noch?

Montag, 11. Juli 2016

Rückkehr zur Königin

Sanft schaukelt die Gondel in die Bergstation und entlässt Anita und mich auf die Seebodenalp. Über uns erhebt sich Rigi Kulm, auf dem Grat können wir die rote Zahnradbahn erkennen, die sich, von First her kommend, ganz nach oben windet.

Unzählige Federwolken, Cirren, überziehen den blauen Himmel und leuchten strahlend weiss. Cirren sind Eiswolken aus feinen Eiskristallen, die sich in grosser Höhe bilden. Höhenwinde haben die weissen Bänder gebogen und zu Federn ausgefranst – wie mit einem Pinsel ans Himmelszelt gemalt.

Ein Himmelsgemälde.

In der Tiefe breiten sich Zuger- und Vierwaldstättersee aus, Segelboote legen sich in den Wind und ein Dampfschiff zieht entschlossen seine Bahn.

Auf der Terrasse der Alpwirtschaft Holderen kosten wir Nektarinenkuchen und trinken heissen Tee. Der Wind weht kühl und bald schlüpfen wir in unsere Windjacken (meine tiefblau, Anitas orange). Kuhglocken bimmeln, bilden einen Chor. Über der Wiese, die vor uns liegt, fliegen Rauchschwalben tief und schnappen nach Mücken und Fliegen. Dabei plaudern und schwatzen sie munter.

Rauchschwalben brüten meist in Ställen oder Scheunen, weshalb ihr Vorkommen eng an Bauernhöfe gebunden ist. Ihre Nester baut die Rauchschwalbe aus lehmiger Erde, die sie, mit Speichel und Grashalmen vermischt, an Wände und Balken klebt. Um das Baumaterial für ein einziges Nest zu beschaffen, fliegt sie bis zu 220 Kilometer weit. Und trägt mehr als tausend Erdklümpchen herbei.

Jeden Frühling kehrt sie aus West- oder Zentralafrika zurück, wo sie den Winter verbringt, und sucht ihren vertrauten Brutplatz auf. Ihrem Nistplatz bleibt sie zeitlebens treu – ausser, er wird zerstört.

Unter einer mächtigen Esche, zwischen Holderen und Hinterboden, steht eine Kuh und brüllt. Von noch mehr Gemuh und Gebrüll werden wir bei der Alp Hinterboden empfangen und beobachten fasziniert, wie sich ein Rind nach dem anderen lautstark vom Boden erhebt und dem Bauer auf die neue Weide folgt. Ob das «Muuuh» und «Mööööh» in sämtlichen Tonlagen wohl heisst: «Auf geht's, macht schon, neues Futter wartet!»?

Kammgras säumt den Weg, sein Blütenstand erinnert effektiv an einen Kamm. Dazwischen streckt uns der Bastardklee seine weiss-rosa Köpfchen entgegen.

Zurück zur Seebodenalp schlängelt sich der Wanderweg auf einer Krete – einer Gletschermoräne. Überall, wie hingeworfen, liegen Nagelfluhfelsen (Konglomerat). Unvorstellbar, dass dort, wo heute die Krete zur Tiefe hin abfällt, zum Vierwaldstättersee, einst der gigantische Reussgletscher in die Höhe ragte. Hoch über die Moräne.

An einen der Felsbrocken krallt sich Dickblättriger Mauerpfeffer, unverkennbar mit seinen blau-grünen, kugeligen Blättern. Mit dem steinigen und trockenen Untergrund kommt er gut zurecht – wie alle Dickblattgewächse ist er perfekt an trockene Standorte angepasst.

Dickblattgewächse speichern in ihren fleischigen Blättern Wasser. Gespeichert wird aber noch mehr: Als sogenannte CAM-Pflanzen sind sie in der Lage, Kohlendioxid zwischenzuspeichern. Und die Photosynthese von der Kohlendioxid-Aufnahme zeitlich zu trennen. Das ermöglicht ihnen, ihre Spaltöffnungen dann offenzuhalten, wenn wenig Wasser verdunstet. Etwa nachts oder bei feuchtem Wetter. Sobald die Sonne scheint, wird das gespeicherte Kohlendioxid in Traubenzucker verwandelt – ohne dass die Stomata geöffnet werden müssen. Genial.

Kurz vor der Seebodenalp treffen Anita und ich auf gleich zwei Brautpaare, die Hochzeitsbilder schiessen, und wünschen ihnen Glück. Kaum haben wir die Seilbahnstation erreicht, braust das eine Paar im Helikopter davon. Und schwingt sich in die Tiefe.

Samstag, 16. Juli 2016

Rhätische Bahn

Chur. Mit vereinten Kräften stemmen zwei Bikerinnen ihre Räder in die Velohaken. Die knallorangen Packtaschen haben sie derweilen auf dem Boden abgestellt. Erschöpft lassen sich die beiden alsdann ins Abteil neben mir sinken und breiten auf der Gepäckablage Badetücher aus, zum Trocknen. Auf einem prangt ein Entchen.

Zwei Abteile weiter plaudert und kichert eine Gruppe junger Frauen aus dem Kanton Bern ununterbrochen. Jeder, der an ihnen vorbei läuft, wird gegrüsst: «Grüessech» und «E schöne Tag» klingt es am laufenden Band.

Der Zug Richtung St. Moritz schaukelt anfangs so gemächlich, dass ich die Blumen auf den Bahnböschungen erkenne: Wilde Möhre, Natterkopf, gelbe Nacht- und Königskerze. Alles Pflanzen, die auf steinigen, kiesigen Flächen gedeihen, wie eben entlang von Geleisen.

Der Gemeine Natterkopf ist eine Trockenpflanze. Und ein Raublattgewächs *(Boraginaceae):* Seine borstigen Haare an Blättern und Stängel schützen ihn vor Frass. Wie Lungenkraut und Frühlingsplatterbse wechselt auch der Natterkopf die Farbe seiner Blüten von Rosa nach Blau und signalisiert damit den Bestäubern, wo es viel Nektar gibt.

Die Blüten der Zweijährigen Nachtkerze hingegen entfalten sich erst in der Abenddämmerung – und nur für eine einzige Nacht. Sie verströmen einen intensiven Duft, der Schwärmer und andere Nachtfalter betört. Als Pionierpflanze lässt die Gewöhnliche Nachtkerze Selbstbestäubung zu. Das macht Sinn, weil sie an einem neuen Standort nicht immer auf Artgenossen trifft.

Bei Reichenau fliessen Vorder- und Hinterrhein zusammen. Smaragdgrün mischt sich mit milchigem Grau und zieht mich in seinen Bann. Unberührt vom Farbenspiel werfen Fischer am Ufer ihre Ruten aus.

Nach Rhäzüns, wo das berühmte Mineralwasser entspringt, tuckert die Bahn durch Föhrenwald und Felder voll reifem, braunem Korn und rotem Mohn. Die Föhren (Wald-Kiefern) sind an der glatten, orangen Rinde im oberen Stammbereich einfach zu erkennen. Im unteren Stammbereich reisst ihre rotbraune Borke tief auf.

Auf dem Bahnsteig von Thusis, das wir bald erreichen, wartet eine eherne Frau mit Koffern in der Mode einer längst vergangen Zeit auf einen längst vergangenen Zug. Hier beginnt die Kernzone des Unesco-Weltkulturerbes Rhätische Bahn. Per Lautsprecher werden wir informiert, dass auf der Strecke von Thusis bis Tirano 196 Brücken überquert werden.

Kaum windet sich der Zug durch die Schinschlucht, deren Felsen senkrecht abfallen, beginnen die «Ahs» und «Ohs» der Touristen. Hier und da klammert sich eine Kiefer an einer Felsspalte fest. Dann öffnet sich die Schlucht und ich erblicke in der Ferne, weit oben am Hang, eine vertraute «Physiognomie»: Zorten, Lain und Muldain grüssen zu mir herab. Kurz darauf wechselt der Zug die Talseite.

Hier flankieren orangerote Feuerlilien den Weg der Bahn. Mit Nektar an ihren Laubblättern locken sie Ameisen an, die das Lilienhähnchen dezimieren – einen Käfer, der gerne an Lilien frisst.

Gewöhnlich werden Blüten der Gattung Lilium von Nachtfaltern bestäubt und riechen deshalb gut. Die Feuerlilie aber wird von Tagfaltern besucht.

Eine Unterart der Feuerlilie produziert in ihren Blattachseln Brutknospen, die Knöllchen gleichen. Dabei handelt es sich um eine Art Miniaturklon. Wenn die ausgereiften Knöllchen sich von der Mutterpflanze lösen und zu Boden fallen, wachsen neue Feuerlilien heran, die mit der Mutterlilie genetisch identisch sind.

Genauso viel Energie, wie die Feuerlilie ausstrahlt, besitzt der ältere Mann im Abteil vor mir. Wie ein kleiner Bub ist er ständig in Bewegung: Mit blossen Füssen klettert er auf den Sitz und wühlt in seinem Rucksack, reisst das Fenster auf und hängt sich weit hinaus, holt den Rucksack herab, verstaut ihn unter seinem Sitz, zerrt ihn wieder hervor, stösst ihn wieder hinein, stampft barfuss zum Fenster vis-à-vis, wo er – endlich – länger verweilt. Aber nie stillsteht.

Violette Schmalblättrige Weidenröschen schunkeln vorüber. Auf der Talseite gegenüber donnert eine Wucht von Wasserfall nieder, er stürzt direkt auf einen Felsbrocken, der das stiebende Wasser teilt.

Es folgt das Landwasserviadukt mit einer Höhe von 65 Metern und einer Länge von 142 Metern, wieder werden wir per Lautsprecher aufgeklärt. Unter uns baden Menschen im Landwasserfluss, vergnügt winken sie zu uns hinauf.

Kehrtunnels befördern uns schliesslich nach oben, zum Eingang des Albulatunnels, dem zweithöchsten Alpentunnel. Bald tauchen wir in die Finsternis ein.

Auf der anderen Seite des Dunkels wartet das Engadin.

Sonntag, 24. Juli 2016

Gletschertour

Aus dem Dunkel ans Licht, aus dem Getriebensein in die Stille, wie ein «Nachhausekommen» – so fühlt sich das Oberengadin für mich an.

Unverrückbar stabil und erhaben thronen die Bergriesen über dem Tal. Weisse Zackenketten mit ewigem Schnee verlaufen in der Ferne. Bergbäche hüpfen über Steine, sprudeln dahin, endlos.

Den Radweg nach Pontresina, dem ich heute folge, ziert ein dichter Saum aus Bastardklee und Esparsetten. In den Wiesen verstreut flattern und blitzen hell-lila Wuschelköpfe im Wind, aus der Ferne erinnern mich die in lange Fransen zerschlitzten Blüten der Alpenprachtnelke etwas an Wollgras. Dazwischen leuchtet ab und an der dunkelrote Wiesenknopf.

Noch hängen die Wolken an den Bergen fest und die Sonne dringt nicht durch. Doch just als ich beim Bahnhof Pontresina ins Rosegtal einbiege, beleuchten Sonnenstrahlen den Roseggletscher zuhinterst im Tal, als würde Scheinwerferlicht aufflammen.

Nun ändern die Alpenblumen. Statt Esparsetten und Klee grellt Spinnweb-Hauswurz in frechem Pink zwischen den Felsbrocken. Unmittelbar daneben lässt die Bärtige Glockenblume ihre Köpfchen hängen. Die langen, festen Haare, die aus den Blüten der Glockenblume ragen, halten kriechende Nektarräuber auf Distanz. Beide Arten, Spinnweb-Hauswurz wie Bärtige Glockenblume, weisen auf sauren Untergrund hin.

Spinnweb-Hauswurz zählt zu den Dickblattgewächsen. Seine fleischigen Blätter stehen in dekorativen Rosetten. Ein dichtes Geflecht weisser Fäden, das Spinnweben gleicht, bedeckt die Rosetten und minimiert die Verdunstung.

Hier im Rosegtal springen im Winter Rehe über die Loipen oder stehen gelassen herum, während oben auf den Felsen Gämsen turnen. Ein grosser Teil des Tals gehört zum Jagdbanngebiet Bernina-Albris.

Heute aber springt und tobt nur das Wasser.

Im Wald riecht es gut, nach Arven. Aus der Nähe sind Arven einfach zu erkennen: Als einziger einheimischer Baum trägt die Arve ihre «Blätter» in Büscheln zu fünf Nadeln. Untersuchungen haben gezeigt, dass der aromatische Duft von Arvenholz den Herzschlag reduziert und den Schlaf vertieft. Das freut mich, denn ich habe im Hotel Misani in Celerina ein Zimmer mit Arvenholzmöbeln gebucht.

Arven sind Überlebenskünstler, im Gebirge bilden sie oft den obersten Waldsaum. Sie kommen mit Temperaturen von bis zu minus 43 Grad zurecht und ihre Wurzeln dringen selbst in kleinste Felsspalten.

Mit bis zu tausend Jahren werden Arven unvorstellbar alt.

Zwischen Arven und Lärchen, von denen hellgrüne Flechten wie Lamettafäden herabhängen, blüht Arnika goldgelb. Etwas krächzt in den Bäumen – unwillkürlich drehe ich meinen Kopf: Zwei Tannenhäher spielen.

Die dunkelbraunen Tannenhäher mit den weissen Tupfen sind mit dem Eichelhäher verwandt. Jeden Herbst legt der Tannenhäher zehntausend Verstecke an, in denen er seinen Wintervorrat verbirgt: Arvensamen, die er in mühseliger Arbeit mit dem Schnabel aus den Zapfen klaubt. Dafür nutzt er Zapfenschmieden. Die meisten Verstecke findet er tatsächlich wieder. Der Rest trägt zur Verbreitung der Arven, seiner Lebensgrundlage, bei.

Noch ein paar Tritte in die Pedale– schon liegt die Schwemmebene vor mir, die der Rosegbach nach dem Rückzug des Gletschers geformt hat. In unzähligen Armen sucht sich das Wasser seinen Weg durch das Geröll und verschiebt es laufend, reisst Steine mit und lagert sie wieder ab, am Ufer. An manchen Stellen liegt das Geröll mannshoch.

Dort, wo er nicht von Schnee bedeckt ist, glänzt der Roseggletscher in der Ferne eisblau. Tief klaffen seine Spalten.

War da nicht mal mehr?

Die Schwemmebene und die gewaltige Moräne, hinter der sich ein Gletschersee verbirgt, beweisen klar, dass einst «viel mehr» war. Seit 1934 hat der Roseggletscher mehr als 4,5 Kilometer an Länge verloren – Träne um Träne geweint.

Montag, 25. Juli 2016

Spätsommertag

Der Wald schweigt, kein einziger Vogel singt – als hätten alle ihre Stimme verloren. Der Herbst naht unwiderruflich.

Aus dem Gebüsch am Wegrand dringt ein seltsames Geräusch, es klingt, als würden Murmeln oder Steine sachte gegeneinander geschlagen. Lauschend wende ich mich dem Geräusch zu: Einen Meter von mir entfernt sitzt ein Rotkehlchen und blickt mich mit grossen Augen an. «Tix, tix», ertönt es wieder. Das «Tixen» gibt an, dass das Rotkehlchen sich zwar nicht unmittelbar bedroht, aber doch gestört fühlt. Je nachdem, wie erregt das Rotkehlchen ist, «tixt» es ein- bis viersilbig. Drohte Gefahr aus der Luft, würde der Warnlaut ganz anders klingen.

Rotkehlchen brüten von April bis Juli. In dieser Zeit ernähren sie sich hauptsächlich von Insekten und von deren Larven. Jetzt, im August, reifen langsam die Früchte von Schneeball, Pfaffenhütchen und Rotem Hartriegel am Üetliberg und erweitern nach und nach den Speisezettel des Rotkehlchens. Das Brutgeschäft ist vorbei.

Bereits reif sind die Früchte der Roten Heckenkirsche. Überall im Unterholz glänzen ihre kleinen Beeren rot, es scheint, als sei der ganze Üetliberghang mit Heckenkirschen überzogen. Die Beeren hängen – wie Kirschen – immer zu zweit zusammen, was der Pflanze ihren Namen gab. Botanisch sind Kirsche und Heckenkirsche aber nicht verwandt.

Da und dort ruhen schwarz-weisse Falter, in denen ich den Kleinen Eisvogel vermute, auf der Heckenkirsche oder flattern um sie herum.

In der Ferne erspähe ich grössere rote Beeren, die einzeln stehen, und zerbreche mir den Kopf darüber, zu welcher Pflanze sie gehören. Ich rätsle und rätsle, aber komme nicht darauf.

Endlich, im oberen Üetliberghang, präsentiert sich mir eine der grossen roten Beeren. Sie hängt direkt über dem Weg. Beim Betrachten der vermeintlichen Einzelfrucht wird klar, dass es sich wie bei der Roten Heckenkirsche um zwei Beeren handelt – nur sind diese verwachsen: Alpenheckenkirsche. Ich bin verblüfft. Nie zuvor habe ich die Alpenheckenkirsche am Üetliberg gesehen und ich hätte sie hier auch nicht erwartet. Gewöhnlich wächst sie in höheren Lagen. Um ganz sicher zu sein, überprüfe ich die Blätter der Pflanze: Ja, die gegenständigen, unverwachsenen Blätter und die Blattunterseiten, die glänzen, passen.

Wieder einmal halte ich Ausschau nach der Breitblättrigen Stendelwurz. Und diesmal werde ich fündig, ich stosse auf ein ganzes Stendelwurz-Orchideenfeld. Einige Exemplare sind bereits verblüht, andere prallvoll mit Blüten. Dicht an dicht stehen die Blüten und hängen schwer hinab. In der Nähe des Eibenbrunnens finde ich weitere prächtige Exemplare. Vorsichtig hebe ich eine der Blütentrauben an.

Die grünlichen Blütenblätter der Breitblättrigen Stendelwurz sind violett überlaufen. Bei Stendelwurz-Arten zeigt sich der charakteristische Aufbau von Orchideenblüten gut: zwei Kreise à je drei Blütenblätter, das mittlere, untere, auffällig gestaltet und vergrössert. Das ist die Lippe, auf der die Bestäuber landen.

Stendelwurz-Arten enthalten immer Nektar und belohnen ihre Bestäuber so für deren Besuch. Sie tricksen und täuschen nicht (wie etwa Knabenkraut).

Von der nahen Feuerstelle zieht Rauch zu mir hin, hüllt mich ein und treibt mich weiter, den Kiesweg bergauf.

«Schau mal, dieser Schmetterling, ist der nicht hübsch, Mama?», wendet sich ein Mädchen an seine Mutter und deutet auf einen schwarz-weissen Falter, der allerdings nicht stillhält, sondern in meine Richtung flüchtet – und weiter an mir vorbei. Mutter und Tochter folgen und ich schliesse mich ihnen an. Behutsam, langsam, langsam, nähern wir uns, als der Flatterer sich schliesslich mitten auf dem Weg niederlässt und seine Flügel ausbreitet. Nun kann ich ihn in Ruhe betrachten und mich davon überzeugen, dass es sich wirklich um den Kleinen Eisvogel handelt: Kein Blauschimmer, keine Augenmuster, dafür schwarze, eckige, kleine Flecken zwischen weisser Flügelbinde und Flügelrand.

Passt.

Sonntag, 7. August 2016

Berg, Baeren und Beeren

Hoch reckt sich das Seehorn über uns und den Davoser See. Jäh fallen seine Flanken ab, zum See hin.

Unser Tagesziel.

Hinter dem merkwürdigen Hotel, das einem goldenen Ei gleicht, schlagen wir den Bergweg ein. Mal sanft, mal stotzig steigt der Pfad an. Unaufhörlich. Für die nächsten zwei Stunden heisst es «up, up, up, up, up», erkläre ich Sarup, der unter Liebeskummer leidet und uns deshalb auf das Seehorn begleitet. Der aus Indien stammende Sarup und mein Partner sind seit Jahren befreundet.

Die Grosse Brunelle färbt den Saum entlang des Wanderwegs dunkelviolett. Daneben wächst Gewöhnliches wie Nickendes Leimkraut, ab und an sind verblühte Bärtige Glockenblumen auszumachen. Seit ich an der 600er Prüfung der Schweizerischen Botanischen Gesellschaft eine verdorrte Glockenblume für einen Körbchenblütler hielt und mich blamierte, weiss ich, wie Glockenblumen im verblühten Zustand aussehen. Und dass sie Kapselfrüchte bilden.

Bald tauchen wir ein in lockeren Fichtenwald. Zu dichtem, sattgrünem Moos und Wald-Wachtelweizen (einem Halbschmarotzer, der seinen Wirtspflanzen Wasser und Nährstoffe abzapft) gesellt sich Heidelbeergebüsch. Heidelbeere wie Wachtelweizen zeigen sauren Untergrund an. Die blauen Früchte der Heidelbeere sind reif und locken zum Ablesen – Beere um Beere verschwindet in meinem Mund.

«Woran erkenne ich, dass das hier nicht Rauschbeeren, sondern Heidelbeeren sind?», will mein Partner wissen. Von der leicht giftigen Rauschbeere, die wir weiter oben am Berg antreffen, unterscheidet sich die Heidelbeere durch ihren fein gezackten Blattrand: Die Blätter der Rauschbeere sind ganzrandig. Und dadurch, dass ihre Zweige lediglich am Grunde verholzen. Junge Triebe sind bei der Heidelbeere geflügelt und grün, während die Rauschbeere nur verholzte, braune Zweige kennt. Im Winter stellen die grünen Triebe der Heidelbeere eine wichtige Futterquelle dar für Rehe und Hirsche.

Heidelbeeren vermehren sich sexuell wie vegetativ – sie bilden lange Ausläufer. Eine einzige Heidelbeerpflanze vermag mit ihren Ausläufern eine Fläche von bis zu tausend Quadratmetern zu bedecken.

Immer wieder quert der Pfad Geröllhalden. Mitten im Gesteinsschutt entdecke ich Braunrote Stendelwurz (eine Verwandte der Breitblättrigen Stendelwurz) und Steinnelke – eine zartrosa Trockenpflanze, die an felsigen Hängen und auf Trockenrasen wächst. Dank ihren eingesenkten Spaltöffnungen kommt die Steinnelke mit wenig Wasser zurecht. Ihre tiefe Hauptwurzel sorgt umgekehrt dafür, dass eine maximale Menge an Wasser erschlossen wird.

Nach einer Stunde, gerade haben wir prächtige Fliegenpilze passiert, gibt Sarup auf. Er fühlt sich erschöpft, ohne Energie und klagt über schmerzhafte Bauchkrämpfe. Wir haben wohl zu wenig bedacht, dass Kummer den Körper lähmt. Sarup will zurück, alleine. In seiner Verfassung lasse ich ihn ungern ziehen, aber mein Partner ist weit voraus und hört unser Rufen nicht.

An der Waldgrenze endlich stosse ich auf meinen Partner, der auf einer Holzbank rastet. Ich setze mich zu ihm, das Holz ist sonnenwarm. Hinter der Bank, die sich an einen Felsen lehnt, versteckt sich ein Zwergstrauch. Ich greife nach einem Zweig.

Die kleinen Blätter fühlen sich ledrig an und haben einen glatten, nach unten eingerollten Rand. Feine Punkte (Drüsen) zieren die Blattunterseiten: typisch für Preiselbeeren. Manchmal werden Preiselbeeren mit der leicht giftigen Immergrünen Bärentraube verwechselt. Letztere besitzt aber keinen eingerollten, sondern einen flachen Rand. Und weist auf der Blattunterseite nie Punkte auf – dafür ein Netz von Adern.

Beide Zwergsträucher sind immergrün, anders als Heidelbeere und Rauschbeere. Einzelne Blätter der Rauschbeere flammen bereits rosa, wie ins Abendrot getaucht.

Die roten Früchte von Preiselbeere und Bärentraube fressen Alpendohle, Birk- und Schneehuhn gern. Weil Preiselbeeren oft den ganzen Winter über am Strauch hängen, sind sie als Nahrung in der kalten Jahreszeit besonders wertvoll. Bärentrauben und Heidelbeeren werden mitunter auch vom Braunbären geschätzt: Bis zu einem Zentner Heidelbeeren pro Tag können Bären im Herbst vertilgen. [In Norwegen heissen übrigens alle Beeren «baeren»: blabaer sind Heidelbeeren, jordbaer Erdbeeren und bringebaer Himbeeren – in botanischem Sinne handelt es sich bei Erdbeeren[5] und Himbeeren allerdings nicht um Beeren, sondern um Sammelnuss- respektive Sammelsteinfrüchte. Von Sammelfrüchten spricht man dann, wenn mehrere (meist kleine) Einzelfrüchte zusammenhängen.]

Heidelbeeren, Rauschbeeren, Preiselbeeren und die Früchte der Bärentraube zählen zu den «echten» Beeren. Das bedeutet, dass die gesamte Fruchtwand, die den Samen umgibt, fleischig ist. Im Gegensatz dazu sind bei Nussfrüchten sämtliche Schichten der Fruchtwand trocken oder gar verholzt – bei Steinfrüchten lediglich die innerste, der «Stein».

Vis-à-vis, auf dem Jakobshorn, schwingt sich Gleitschirm um Gleitschirm in den postkartenblauen Himmel. Hoch über unseren Köpfen ist erstmals der Gipfel des Seehorns zu erkennen, Alpweiden voller Zwergsträucher ziehen sich den Hang hinauf.

Die Aussicht beflügelt, im Nu erklimmen wir die Bergschulter. Von Sarup erhalten wir die Nachricht, dass er heil zum Bahnhof Davos Dorf zurückgefunden hat.

Die letzten hundert Höhenmeter, von der Schulter auf den Gipfel, sind happig. Ich gerate ins Schnaufen und komme auf dem

[5] Da bei Erdbeeren nicht nur der Fruchtknoten, sondern auch der Blütenboden in die Fruchtbildung einbezogen ist, gehören sie zu den «Scheinfrüchten». Die winzigen, harten, braunen Dinger auf der Oberfläche von Erdbeeren sind die eigentlichen Früchte (Nussfrüchte). Das süsse «Fruchtfleisch» dagegen entsteht aus dem Blütenboden.

steinigen Pfad, der zuweilen über Felsen klettert, nur im Schneckentempo voran. In der Ferne pfeift ein Murmeltier unablässig Alarm.

Dann aber stehen wir auf dem Gipfel – was für ein Lebensgefühl.

Unser Blick fällt auf ein weites, unberührtes Tal, in dem sich Flüelabach und Strasse zum Flüelapass hinauf schlängeln, hinüber zur Pischa und zum Pischahorn, auf dem Schneeresten in der Sonne glänzen, und auf einen Berg, der merkwürdig schwarz und rot schimmert, wie verbrannt. In der Tiefe breitet sich das Blau des Davoser Sees aus.

Alle Alltagssorgen sind gebannt. Nur das Hier und Jetzt zählt.

Ein tiefes Glücksgefühl.

An der Blüte eines Weisslichen Habichtskrauts zu meinen Füssen saugt ein Schwalbenschwanz, lässt sich vom Wind ein Stück wegtragen und gaukelt wieder heran. Ein zweiter folgt, tanzt.

Der Schwalbenschwanz liebt Bergkuppen und Gipfel – ich verstehe ihn.

Samstag, 13. August 2016

Azurblau und Lapislazuli

Erste hellgelbe und braunrote Flecken haben sich in das Grün des Waldes eingeschlichen, der sich an den Flanken des Albis erstreckt. Herbstboten.

Der Himmel wird von einem Watteteppich bedeckt, der in schmale, durch dünne Fasern zusammengehaltene Wülste zerrissen ist. Unter dem Teppich lauern dunkle Wolken.

Der Parkplatz vor dem Schwimmbad Türlersee steht leer, auf dem Seerundweg aber herrscht munteres Treiben. «Das da sind Bananenpflanzen», neckt mich ein Herr mit Walkingstöcken, als ich die Früchte des Roten Hartriegels anfasse. «Was machen Sie da?», will auch ein Bub wissen, der mit seinen Grosseltern fischen geht. Stolz trägt er die Angelrute. «Kann man die Früchte essen?» Nein, leider bekommen sie uns Menschen nicht.

Jeder einzelne Strauch scheint mit Früchten beladen. Schwarzer Holunder, Roter Hartriegel, Gewöhnlicher und Wolliger Schneeball, Schwarzdorn wie Kreuzdorn – alle tragen sie Steinfrüchte. Einige wirken noch grün und unreif, während sich andere bereits rot oder schwarz färben. Die Früchte des Wolligen Schneeballs etwa knallen in schönstem Pink.

Aus dem Augenwinkel nehme ich etwas Dunkles wahr, das wie ein Schmetterling flattert und sich dann auf einem Schneeballblatt niederlässt.

Eine Blauflügel-Prachtlibelle. Welch ein Juwel.

Sattes Lapislazuli ziert ihre Flügel, der lange, schlanke Körper schillert dunkel-blaugrün. Die Prachtlibelle ist nicht nur wunderschön, sondern auch aus Naturschutzsicht kostbar: Ihre Larven zeigen unbelastete Gewässer an. Stimmt die Qualität des Wassers nicht, sterben sie.

Durch ein Spalier von Schilfwedeln, die, vom Wind geknickt, in den Weg hängen, erreiche ich das nahe Ried. Die Sonne drückt. Ein Velofahrer in Neongelb saust vorbei. Im sonnenverbrannten Ried reckt der Teufelsabbiss seine lila Kugelköpfe hoch in die Luft (zuerst halte ich die Köpfe für Skabiosen, aber die Blätter passen nicht). Teufelsabbiss gedeiht stets auf ausgesprochen magerem Boden. Auf seinen Blüten summen und krabbeln Wildbienen, während sich auf dem Kiesweg Libellen an der Sonne wärmen.

Bald löst Wald das Ried ab. Vom See her fiept es wieder und wieder – ein junges Blässhuhn ruckelt hinter seiner Mutter her und schreit. Plötzlich macht sich das Junge fiepend davon. Die Blässhuhn-Mutter wartet einen Moment und versucht dann, es mit einem durchdringenden Pfiff zur Raison zu rufen. Ohne Erfolg. So bleibt ihr nichts anders übrig, als hinter ihm herzueilen.

Am Seeufer fischen zwei Männer, neben ihnen bräunen Würste auf einem Picknickgrill. Im Ried, das auf die beiden folgt, wieder Teufelsabbiss. Und Wilde Brustwurz. Dazwischen blitzt da und dort das tiefe Azurblau eines Enzians – ich tippe auf den Lungenenzian, eine Vermutung, die sich später bestätigt.

Lungenenzian ist schweizweit geschützt, er ist stark gefährdet.

Noch schlimmer steht es um den Kleinen Moorbläuling – einen Tagfalter, der direkt vom Lungenenzian abhängt. Denn der Kleine Moorbläuling legt seine Eier *ausschliesslich* auf Blüten des Lungenenzians. Seine Raupen fressen sich nach dem Schlüpfen an Staub- und Fruchtblättern satt und lassen sich auf den Boden fallen. Wo sie *ausschliesslich* von zwei Arten der Ameisengattung *Myrmica* «adoptiert» werden. Diese schleppen die Bläulingraupen in ihr Nest und füttern sie den ganzen Winter über, bis die Raupen sich im nächsten Frühjahr verpuppen. Eine doppelte Abhängigkeit.

Lange blieb unklar, warum Myrmica-Ameisen Bläulingraupen umsorgen. Heute ist das Rätsel gelöst: Der Kleine Moorbläuling ahmt den Duft und die Hautstruktur von Myrmica-Larven so perfekt nach, dass die Ameisen das «Kuckuckskind» für eine arteigene Larve halten.

Ein solches Verhalten wird Brutparasitismus genannt.

Lediglich auf die Verpuppung folgt ein heikler Moment: Der Falter verliert seine Tarnung und muss schnellstmöglich aus dem Ameisennest fliehen. Sonst wird er attackiert.

Ein Wunder, dass es den Kleinen Moorbläuling ob all dieser Unwägbarkeiten überhaupt noch gibt.

Schliesslich habe ich den Türlersee umrundet und erwische, in letzter Sekunde, das Postauto zurück nach Zürich. Aus dem Fenster sehe ich, wie sich zwei Stand-up-Paddler vom Ufer lösen und über das stille, dunkle Blau des Sees gleiten.

Freitag, 19. August 2016

Turteltauben

Türkentauben turteln auch im Herbst – das war mir bis heute nicht klar, bis ich ihre dreisilbige Balzstrophe mitten in der Stadt vernahm: «Hu huh hu, hu huh hu, hu huh hu», mit Betonung auf der zweiten Silbe. Und recherchierte.

Die Balz- und Brutzeit der Türkentaube dauert fast das ganze Jahr. Von Januar / Februar bis Oktober / November, mit durchschnittlich drei bis vier Bruten pro Jahr und zwei Eiern pro Brut. Wobei die Männchen die Weibchen beim Brüten unterstützen. Den absoluten Rekord stellen acht Bruten pro Jahr dar. Allerdings wird nur jede dritte Jungtaube auch flügge, viele werden von Räubern erwischt.

Ein wichtiges Balzritual der Türkentaube ist das «Nistplatzzeigen»: Dabei versucht das Männchen das Weibchen von der Qualität möglicher Nistplätze zu überzeugen. Gelingt es ihm, seine Partnerin für einen Baum, Busch oder auch für ein Gebäude zu gewinnen, so bauen sie gemeinsam ein Nest.

Ein Stück Frühling mitten im Herbst.

Dienstag, 23. August 2016

Tiefschwarz und Zitronengelb

Ein Eichhörnchen huscht über den Weg, klettert mit seinem buschigen Schwanz behende an einem Baumstamm hoch und springt weiter von Ast zu Ast, von Baum zu Baum. Nimmt einen langen Satz und segelt förmlich in die nächste Krone. Verschwindet im dichten Laub und taucht zwischen ersten zitronengelb verfärbten Bergulmenblättern wieder auf. Die Blätter der Bergulme sind an ihrem «Dreizack» einfach zu erkennen.

Langsam zieht sich die Farbe Grün vom Üetliberg zurück, die mittlerweile schrumpligen, braunen Beeren der Roten Heckenkirsche sind entzaubert. Noch immer aber blühen Wasserdost und lila Wald-Witwenblumen am Wegrand. Und Kohldistel wie Kratzdistel strecken sich gewaltig in die Höhe, sie überragen mich bei weitem.

Überall leuchtet das Rot der Eibenfrüchte, die jetzt heranreifen. Amseln und Drosseln mögen sie besonders gerne, und auch der Braunbär verschmäht sie nicht. Mitunter streiten sich Drosseln gar um die süssen Früchte: Misteldrosseln etwa besetzen im Herbst «ihre» Eibe und verteidigen deren Früchte vehement. Grünfink und Kleiber dagegen haben es weniger auf den fruchtigen Arillus (den Samenmantel), sondern vielmehr auf den energiereichen Eibensamen selbst abgesehen. Mit ihrem Schnabel meisseln sie den Samen auf. Wobei Kleiber die Samen oft in Ritzen klemmen.

Eine Frau mit Walkingstöcken überholt mich. Das laute Klackern ihrer Stöcke verliert sich rasch, als sie sich entfernt. Dann keucht ein Junge mit blauer Hose und Joggingschuhen heran, ein Trupp Gleichaltriger dicht auf den Fersen. Eine Schulklasse. Auf die Vorhut der Jungen folgen die Mädchen mit dem Sportlehrer, der eine Stoppuhr in der Hand hält und das Rudel antreibt. «Ohne Frauen läuft nichts», lese ich auf dem neonroten T-Shirt eines der Mädchen.

Kurz vor dem Spielplatz zieht das glänzende, tiefe Schwarz einer Tollkirsche meinen Blick magisch an. Der Kelch umgibt die giftigen Früchte wie ein Stern, die Kombination von grünem Kelch und lackiertem Schwarz ist umwerfend. Neben reifen Früchten finde ich an der gleichen Pflanze auch unreife, grüne Beeren – und Blüten. Typisch für Tollkirschen.

Die Tollkirsche galt früher als Zauberpflanze. Sie löst, bereits in geringen Mengen genossen, intensive Halluzinationen aus. Aufgrund ihrer tödlichen Wirkung ist *Atropa belladonna* nach der griechischen Schicksalsgöttin Atropos benannt, welche die Lebensfäden durchschneidet.

Amseln und Drosseln aber verspeisen ihre Früchte unbeschadet, im Gegensatz zu Menschen. Und scheiden die Samen später wieder aus – bis zu 160 Samen verbergen sich in einer einzigen Beere.

Ich frage mich, wie die Natur sicherstellt, dass all die Samen der im Herbst reifenden Früchte erst im nächsten Frühjahr keimen, statt im Winter, halb ausgetrieben, elendiglich zu erfrieren?

Die Antwort ist komplex. In der Regel durchläuft der Samen eine längere Keimruhe. Eine ausgeklügelte Kombination chemischer wie mechanischer Faktoren sorgt dafür, dass der Samen nicht zu früh keimt. Und nur unter günstigen Bedingungen.

Chemische Keimungshemmstoffe im Fruchtfleisch etwa hindern den Samen am Keimen, solange er von Fruchtfleisch umgeben ist. Keimungshemmstoffe im Sameninnern wiederum stellen sicher, dass der Samen einen genügend grossen Wassergehalt in der Umgebung abwartet.

Unter ungünstigen Bedingungen (Dürre) können Samen über Jahre in einer Art Trockenstarre ausharren. Bis endlich wieder Regen fällt. Deshalb erblühen Wüstenblumen oft auf einen Schlag.

Bei vielen Arten finden sich weitere Keimungssperren, wie undurchlässige Fruchtwand oder undurchlässige Samenschale.

Erst wenn diese Schichten abgebaut (oder mechanisch entfernt) worden sind, können die Samen quellen.

Auch Temperatur und Licht müssen stimmen, und zwar artspezifisch. Die meisten Samen benötigen eine längere Kälteperiode, um zu keimen. Andere hohe oder ansteigende Temperaturen. Bei Lichtkeimern fördert Licht die Keimung, bei Dunkelkeimern (meist schattentolerante Pflanzen) hingegen verhält es sich genau umgekehrt.

Besonders anspruchsvoll in puncto Keimung sind Eibensamen. Eibensamen verlangen neben einer längeren Kälteperiode (erster Winter) eine darauffolgende Wärmeperiode (Sommer) sowie einen zweiten Winter. Erst nach 18 Monaten beginnen sie zu keimen, weshalb die Nachzucht von Eiben aus Samen schwierig ist.

«Noch eine Minute und dreissig Sekunden», ruft der Sportlehrer vom Spielplatz her den letzten Nachzüglern zu, die vor mir den Weg hinauf eilen.

Die Mädchen schaffen das locker.

Freitag, 2. September 2016

Admiral

Ein grosser Schmetterling lässt sich auf dem Kiesweg bei Ringlikon nieder und breitet – extra für mich – seine Flügel aus. Geduldig lässt er sich betrachten. Auf dunklem Grund leuchtet ein rotes Band, teilweise schwarz getupft. Weisse Linien und Flecken verzieren die Spitzen seiner Vorderflügel.

Mit raschen Strichen skizziere ich das Farbmuster. Ein Admiral. Unverkennbar.

Der Admiral entstammt dem Mittelmeerraum. Jedes Jahr im April wandert er von Südeuropa über die Alpen nach Mitteleuropa und Südskandinavien. Wobei er Windströmungen geschickt nutzt und enorme Strecken überwindet. Jeden Oktober fliegen seine Enkel und Kinder nach Südeuropa zurück, wo sie überwintern. Eine Wahnsinnsleistung. Wer die weite Reise nicht rechtzeitig antritt, erfriert. Ausser in milden Wintern.

Bei uns können meist drei Faltergenerationen pro Jahr beobachtet werden: «Ahne», Kinder und Enkel. Im Norden hingegen pflanzt er sich nur einmal fort, klimabedingt.

Seine Eier legt der Admiral an die Grosse Brennnessel. Nach dem Schlüpfen spinnen die Raupen Blätter zu herabhängenden Tüten, die sie vor Räubern schützen. Wenn die Blatttüten welken oder zerfressen sind, bauen sich die Raupen neuen Unterschlupf.

Admiral-Falter saugen bevorzugt an Efeu, Wasserdost und anderen violetten Blüten, an Fallobst und Baumsäften, zuweilen auch an Erde, Schweiss, Kot und Aas (wegen der Mineralsalze).

Wird mein Falter, wie so viele andere, in den kalten Alpen zugrunde gehen? Oder wird ihm der Flug zurück in den Süden gelingen?

Freitag, 9. September 2016

Höhenfieber

Wasserauen, um halb acht Uhr morgens.

Es herrscht Aufbruchstimmung. Ein Wandergrüppchen in Karohemden macht sich auf den Weg, zwei Minuten später folgt ein beschwingtes Paar Hand in Hand, gleich dahinter marschiert wieder eine Gruppe. Dann eine Lücke, ein einzelner Mann. Da werden Wanderschuhe geschnürt, dort schwere Rucksäcke auf den Rücken geschwungen, erwartungsvoll.

Der Berggängerstrom, der an uns, die wir im Gasthaus Alpenrose frühstücken, vorbeizieht, entwickelt eine ureigene Kraft. Unmöglich, seiner mitreissenden Energie zu entkommen. Der Berg ruft – er zieht, zieht, zieht. Mit aller Macht.

Endlich marschieren auch wir los, allerdings gegen den Strom. Statt den Massen zum Seealpsee zu folgen, schlagen wir den Wanderweg zur Bommenalp ein. Der von Steinen und Stufen durchsetzte Bergweg windet sich durch Bergahorn-, Bergulmen- und Eschenwald bergauf. Dazwischen stehen Rotbuchen.

Kaum jemand ist hier unterwegs. Es bleibt still. Nur einmal werden wir von zwei jungen Männern und einer jungen Frau überholt, die ohne Rucksack laufen, nur einmal kommt uns ein Mann entgegen, der leichtfüssig bergab trabt.

Wir hingegen schwitzen. Stemmen uns Tritt um Tritt hinauf. Bald mischen sich mehr und mehr Vogelbeerbäume in den Wald, mit ihren hellroten Früchten und gefiederten Blättern fallen sie von weitem auf.

Die Früchte der Vogelbeere hängen als «Wintersteher» bis weit in den Winter hinein am Baum. Und dienen Vögeln als Nahrung, wie der Name verrät. Ganze 63 Vogelarten naschen von ihren «Beeren» (bei denen es sich im botanischen Sinne um Apfelfrüchte handelt), nach dem ersten Frost. Darunter Rotkehlchen, Eichelhäher, Sing- und Misteldrossel, Kleiber wie Mönchsgrasmücke.

Auch Mäuse und Eichhörnchen, Rotfuchs und Dachs mögen «Vogelbeeren».

Vogelbeerbäume spielen nicht nur ihrer Früchte wegen eine wichtige Rolle im Ökosystem: Über hundert Insekten- und Säugetierarten leben oder fressen an ihnen. Reh und Rothirsch etwa knabbern gerne an ihren Knospen, Blättern und Trieben. Für manche Vögel wie das Haselhuhn sind die Früchte und Knospen der Vogelbeere im Winter die einzige Nahrungsquelle.

Bei der Bommenalp haben wir die erste Höhenstufe erklommen und treten auf eine weite Weide. Weit ist auch die Sicht – wir sehen hinauf bis zur Ebenalp, unserem Ziel, zum Berggasthaus Äscher und zum Wildkirchli, das mitten in einer Felswand zu kleben scheint, und sind begeistert. Vis-à-vis thront der Hohe Kasten hoch über dem Tal.

Kuhglocken bimmeln, vorsichtig suchen wir uns einen Weg durch die grasende Kuhherde mit Jungvieh.

Die nächste Höhenstufe bringt uns an den Fuss des schrägen Felsbandes, in dem sich das Wildkirchli verbirgt. Hier wächst Bergahorn neben Fichten, Mehl- und Vogelbeerbäumen etwas unterhalb (der felsige Standort, auf Kalk, ist typisch für Mehlbeeren). Und Alpenheckenkirschen.

Bergahorn kommt mit Steinschlag und rutschenden Hängen gut zurecht. Selbst grosse Stammwunden überwallt er spielend. Er klettert zuweilen bis auf eine Höhe von 2000 Meter, oft gemeinsam mit der Vogelbeere, die noch höher steigt. Dank ihrer tiefen und weitreichenden Wurzeln hält die Vogelbeere den Boden fest. Als Pionierart besiedelt sie Waldschläge und offene Böden rasch, sie braucht nur eine dünne Humusschicht.

Am Wegrand blühen Brennnessel, Rossminze und Dost – perfekt für den Admiral.

Das Berggasthaus Äscher-Wildkirchli, in dem wir etwas trinken, lehnt sich an nackten Fels. Es wurde ohne Rückwand gebaut. Im Äscher vereinen sich die Ströme der Berggänger, die via Seealpsee aufgestiegen sind, mit denen der Ausflügler, die, in Sonntagsschuhen, auf die nahe Ebenalp gegondelt sind, und füllen das Gasthaus bis auf den letzten Platz. Bald drängen uns die Massen hinaus. Wir fliehen.

Legendär sind die Höhlen des Wildkirchli, zu dem wir kurz darauf gelangen. Über Tausende von Jahren suchten die Steinzeitmenschen in ihnen Schutz, im Winter auch Höhlenbären. Hunderte Skelette der längst ausgestorbenen Bärenspezies, die sich rein vegetarisch ernährte, wurden hier gefunden, lese ich auf einem Schild. Im Winter verhungert.

Auf der anderen Seite der Höhle empfängt uns die Ebenalp mit lila Feldenzian und weissem Sumpfherzblatt. Das Sumpfherzblatt gedeiht nur auf nährstoffarmen Böden. Dünger bringt es zum Verschwinden. Seine Blüten bündeln die Sonnenstrahlen wie Parabolspiegel und heizen das Blüteninnere auf. Weshalb sich Fliegen gerne an ihnen wärmen – und sie nebenbei bestäuben.

Zwischen den Staubblättern trägt das Sumpfherzblatt merkwürdige Gebilde: Nektarblätter. Die spatelförmigen Nektarblätter teilen sich in fächerförmig ausgebreitete Fransen, an deren Spitzen scheinbar Nektartröpfchen hängen. Das Sumpfherzblatt sondert viel weniger Nektar ab, als es mit seinen Attrappen vorgibt.

Unter uns breitet sich das Appenzellerland in sanften Wellen aus. Wild zerstreut liegen die Höfe und Häuser mitten im Grün, willkürlich – als hätte ein Riese mit Spielzeughäusern gespielt, sie aus lauter Übermut in die Luft geworfen und liegengelassen, wohin immer sie auch gefallen waren.

Über uns, ein Stück weiter, erblicken wir den Schäfler, die nächste Spitze in der langen Bergkette, deren Anfang die Ebenalp bildet. Dahinter, in der Ferne, erhebt sich der Säntis mit seinem Turm düster und bedrohlich, als entstammte er dem schrecklichen Land Mordor aus «Herr der Ringe». Überhaupt dünkt mich die gesamte Berglandschaft aus dieser Perspektive unwirklich.

Dunkel und düster hin oder her – der Säntis zieht, zieht, zieht. Mit aller Kraft.

Samstag, 11. September 2016

Bunte Bänder

Eine bildschöne Gehäuseschnecke kriecht an einem Roten Hartriegel empor (die Flucht auf Pflanzenstängel erfolgt instinktiv, um Käfern und anderen Bodenräubern zu entkommen). Auf hellgelbem Grund winden sich ein glänzendes, dunkelbraunes Band, rechtsdrehend, und ein schmaler, reinweisser Streifen. Auch die Mündung des Schneckenhauses ist weiss und zeigt an, dass ich es mit einer Weissmündigen Bänderschnecke zu tun habe. Diese kommt häufig in Wäldern vor.

Bis zu fünf Bänder zieren ihre hübschen Häuschen, deren Kalzium für Vögel von Bedeutung ist. Als Baustoff für Knochen und Eischalen. Ihre Trümmer finden sich etwa in Singdrossel-Drosselschmieden.

Auch bei Amseln und anderen Drosseln[6] stehen Bänderschnecken ganz oben auf dem Speiseplan.

Untersuchungen konnten nachweisen, dass der Bruterfolg vieler Singvögel von einem genügenden Angebot an Gehäuseschnecken abhängt: Das Kalzium beeinflusst die Qualität der Eischalen.

Noch ahnt die putzmuntere Weissmündige Bänderschnecke am Hartriegel nichts von ihrem Schicksal.

Noch.

Freitag, 16. September 2016

---

[6] Ja, ich habe mich nicht verschrieben: Amseln zählen zu den Drosselvögeln und werden mitunter auch «Schwarzdrosseln» genannt. Wer Amselweibchen genau betrachtet, stellt fest, dass sie auf der Brust ein Muster aus dunkleren Flecken tragen – wie bei Drosseln üblich.

Späte Blüte

Emsig fliegen Wildbienen, Wespen und Schwebfliegen von hellgelber, halbkugeliger Dolde zu Dolde. Und summen. Das Efeu, das von September bis Oktober blüht, hat seine Blüten geöffnet – weit strahlen die Blütenkugeln und locken Bestäuber an.

Aufgrund seiner späten Blüte stellt Efeu eine wertvolle Nektarquelle für Insekten dar. Alles, was sechs Beine hat, tummelt sich auf ihm, auch der Admiral.

Die ersten Blätter fallen, verdorrt, verfärbt. Baumkronen lichten sich. Wie die Frühblüher nutzt das Efeu geschickt eine zeitliche Nische, während der nur wenige andere Arten blühen, die Temperaturen aber (noch) angenehm für Insekten sind. Damit stellt es die Bestäubung sicher.

Ich bleibe stehen, um das Efeu zu betrachten, das, dick wie ein Seil, schnurgerade den Stamm eines Bergahorns hochklettert. Vom Hauptstrang zweigen in regelmässigen Abständen Seitentriebe ab, die sich, den Stamm umarmend, mit kurzen Wurzeln an die Borke heften (Haftwurzeln). Efeu ist der einzige Wurzelkletterer Mitteleuropas. Und es lebt sehr lange, mehr als vierhundert Jahre sind keine Seltenheit.

Seine immergrünen Blätter nehmen zwei unterschiedliche Formen an: rautenförmig an den blühenden, drei-, bisweilen auch fünflappig an den nicht-blühenden Trieben. Auch das ist eine Besonderheit.

Wenige Meter weiter, halb versteckt im Wald, schimmern zartrosa Herbstzeitlosenblüten. Die Herbstzeitlose entfaltet ihre Blüten stets zu Beginn des Herbstes. Nach der Befruchtung zieht sie sich in den Boden zurück, wo sie als Knolle überwintert. Im Frühling erst treiben ihre Blätter aus – ein «verkehrter» Rhythmus.

Jemand schreit, ich schrecke auf: Eine Mountainbikerin stürzt kopfüber, direkt auf ihren roten Helm, kommt aber gleich wieder auf die Beine. Puh, da hatte sie Glück.

Auf der Anhöhe beim Spielplatz biege ich in den von Mammutbäumen gesäumten Weg nach Ringlikon ein. Hinter den Nadelbäumen gucken abwechselnd Dottergelb und Fuchsia hervor – Wald- und Drüsiges Springkraut blühen.

Im Gegensatz zum einheimischen Waldspringkraut zählt das Drüsige Springkraut mit seinen violetten Blüten zu den invasiven Neophyten[7]. Ursprünglich stammt das Drüsige Springkraut aus dem Himalaya – aus Kaschmir, Indien und Nepal. Erst 1839 in England eingeführt, verwilderte es rasch aus Schweizer Gärten, in denen die «Orchidee des armen Mannes» gepflanzt worden war. Heute ist es weit verbreitet.

Das Drüsige Springkraut wächst schnell und verdrängt damit einheimische Pflanzen. Ein einziges Drüsiges Springkraut produziert mehr als zweitausend Samen. Gemäss der European Plant Protection Organization gilt es als «besonders schädliche gebietsfremde Art». Obwohl es einjährig ist und jedes Jahr wieder bei Null startet – im Gegensatz zum uralten Efeu, das bis zu dreissig Meter hoch klettert.

Samstag, 17. September 2016

---

[7] Ein Neophyt ist per Definition eine gebietsfremde Pflanze, die nach 1492 durch den Menschen aktiv oder passiv eingeführt worden ist und sich seither (freilebend) bei uns etablierte. Unter einem invasiven Neophyten wird ein Neophyt verstanden, der sich stark und rasch vermehrt und dadurch Schäden verursacht, etwa indem er einheimische Arten verdrängt.

Blättertapete

Es regnet, nein, es giesst, schwer tropft es von den Bäumen. Dichter Nebel verhüllt den Üetlibergwald und dämpft jedes Geräusch, nur schemenhaft sind die Umrisse der Baumriesen zu erkennen. Nebelschwaden streichen über mein Gesicht. Nichts scheint sicher – alles vage, geheimnisvoll.

Stille. Kaum eine Menschenseele ist unterwegs.

Auf dem Weg haben sich Pfützen und Rinnsale gebildet. Zahlreiche Blätter, durch den Regen vom Zweig gelöst, kleben auf dem Boden wie auf einer Tapete. Und glänzen im Nass. Rostrot leuchten Rotbuchenblätter auf dem lehmigen Grund, dazwischen sind braun verdorrte Bergulmenblätter mit ihren markanten Zacken, grüne, gefiederte Eschenblätter sowie Feld- und Bergahorn in Gelb und Braun geklebt. Wie arrangiert. Blattspindeln und Teilblättchen der Esche liegen getrennt.

Noch ist der Blätterteppich einschichtig.

Hauptgrund, warum Laubbäume und -sträucher ihre Blätter abwerfen, ist die winterliche Trockenheit: Das Wasser im Boden gefriert, Sparsamkeit ist gefragt. Nachschub für die Blätter, die täglich Hunderte Liter Wasser verdunsten – unmöglich. Also weg damit.

Zuerst aber, vor dem Abwerfen, wird alles von Wert aus dem Blatt geholt. Blattgrün (Chlorophyll), Kohlenhydrate wie Proteine werden zerlegt, abtransportiert und im Stamm oder Zweig gespeichert, zusammen mit Spurenelementen. Die orange-gelben Carotinoide hingegen, die sich lediglich aus «billigen» Baustoffen zusammensetzen, gewinnen die Gehölze nicht oder nur unvollständig zurück. Deshalb leuchten viele Blätter nach dem Abtransport des Blattgrüns gelb-orange [8].

[8] Eine Ausnahme in puncto Herbstverfärbung stellen Esche, Erle und Holunder dar. Im Gegensatz zu den übrigen Gehölzen werfen sie ihre Blätter grün ab und verzichten darauf, das Chlorophyll zurückzuholen.

Parallel zum Verfärben bildet sich an der Basis des Blattstiels eine Trennschicht engmaschiger Zellen. Und in der Ablösungszone bauen Enzyme die Zellwände ab. Dann reicht ein Windhauch – und das Blatt fällt.

Nach dem Blattfall schliesst sich die Blattnarbe. Eine wasserundurchlässige Korkschicht sorgt dafür, dass weder Wasser noch Krankheitskeime in die Narbe dringen. Auch die Verdunstung wird so minimiert.

Bei Rotbuchen, Hainbuchen und Eichen verbleiben die verdorrten Blätter manchmal den ganzen Winter über am Baum. Denn diese Arten bauen kein Trennungsgewebe auf. Stattdessen verstopfen sie die Leitungsbahnen, die das Blatt mit Wasser und Nährstoffen versorgen, sodass es vertrocknet und schliesslich abstirbt. Winter- oder Frühlingsstürme erst fegen ihre Blätter dann vom Baum.

Vor mir auf dem Boden, im Matsch, liegt ein Feldahornblatt. Sonnengelb durchdringt es den Nebel, sonnengelb wärmt es mein Herz.

Fast wie ein Sonnen-Tag.

Sonntag, 18. September 2016

Herbstrot und Hochzeitsweiss

Noch immer schimmern die Seerosen im Ausee reinweiss, auch wenn sich der Sommer langsam seinem Ende entgegen neigt. Aus der Ferne dringen Alphorntöne zu uns, irgendwo wird geübt.

Hinter einer Biegung treffen meine Mutter und ich unvermutet auf einen Hochzeitsfotografen, der sich, auf der Suche nach dem besten Blickwinkel, im Anzug durch dichtes Gestrüpp zwängt, während das Brautpaar malerisch auf einem Brücklein posiert. Neben der Bogenbrücke steht eine Assistentin – offensichtlich eine Bekannte des Paares – im kurzen, schwarzen Cocktailkleid mit einem Blitzlicht bereit und ruft scherzhaft: «Hände hoch oder ich scheisse!» Was immer das auch bedeuten mag.

Am Schloss vorbei, das der Hochzeit wegen mit weissen und roten Luftballons geschmückt ist, erreichen wir den Zürichsee. Ein mächtiger Spitzahorn am Ufer flammt, passend zum Anlass, leuchtend rot.

Das Rot der Spitzahornblätter rührt von Anthocyanen, einem roten Farbstoff, der auch in Brombeeren und Rotwein vorkommt. Anders als Carotinoide werden Anthocyane im Herbst neu gebildet und erfüllen mehrere Funktionen.

Anthocyane schützen vor «Sonnenbrand». Sie wirken ähnlich einem UV-Filter, wie eine Sonnenmilch. Denn wenn die Blätter fallen, nimmt die Sonneneinstrahlung für die am Baum verbliebenen Blätter zu. Gleichzeitig signalisiert ein Baum Insekten mit intensivem Gelb oder Rot, dass er gesund ist und sich wehrt. Deshalb würden ihn Schädlinge meiden, meint die Signaltheorie. Tatsächlich leuchten die Blätter gesunder und wehrhafter Bäume besonders intensiv gelb oder rot.

Je stärker das Rot, desto mehr giftige Abwehrstoffe finden sich im Blattwerk. Diese schützen vor Frass. Denn Anthocyane und Abwehrstoffe entstehen aus denselben chemischen Vorstufen.

So oder so – schön ist das Herbstrot.

Beim Känzeli setzen meine Mutter und ich uns für eine Weile auf eine Bank und lauschen den Wellen, die ans Ufer schwappen. Möwen schaukeln. Die Sonne zaubert glitzernde und tanzende Punkte aufs Wasser, das grün und grau schillert. Ab und an rollt eine grössere Welle auf uns zu und bricht, dank Fähre und Kursschiffen.

Fast wähnen wir uns am Meer.

Über uns hängen Kornelkirschen. Meine Mutter pflückt eine Handvoll und reicht mir zwei, drei zum Probieren: Das Fruchtfleisch schmeckt süss, hinterlässt im Gaumen aber ein seltsam pelziges Gefühl.

Schliesslich spazieren wir zum Bahnhof Au zurück und stossen bei der Einfahrt zum Schlosspark auf Japanischen Staudenknöterich, der unbändig wuchert und blüht.

Wie das Drüsige Springkraut steht auch der Japan-Knöterich auf der Liste der invasiven Neophyten. Er breitet sich vor allem unterirdisch aus, mittels langer Ausläufer (Rhizome). Bereits ein Bruchstück von zwei Zentimetern reicht – und der Knöterich treibt aus.

Der Japanische Staudenknöterich schiesst enorm rasch in die Höhe, deckt einheimische Pflanzen zu und verdrängt diese. Seine unterirdische Masse reicht mehrere Meter tief, weshalb er, zusammen mit seinen Ausläufern, nur schwer zu bekämpfen ist.

Was für ein Ungetüm.

Samstag, 24. September 2016

Brandblasen

Kuhglocken bimmeln, die Hochlandrinder des Döltschihofs sind von der Alp zurück. Die Rinder weiden neben dem Hotel Atlantis, unter Birnbäumen. Sonnenstrahlen fallen durch die Wolken auf ihr dunkles Fell.

Blühende Brennnesseln säumen die Weide. Die Grosse Brennnessel ist zweihäusig, zeigt stickstoffhaltigen Boden an – und nährt zahlreiche Raupen. Über dreissig Schmetterlingsarten legen ihre Eier an sie, allen voran Kleiner Fuchs, Tagpfauenauge und Admiral.

Brennnesseln schützen sich mit Brennhaaren – Raupen aber stören diese nicht: Sie futtern ganz einfach entlang von Blatträndern und Rippen und um die Haare herum.

Wer Brennhaare unter dem Mikroskop betrachtet, erkennt lange, dünne Röhren, spröd wie Glas, deren Basis mit brennender Flüssigkeit gefüllt ist. Bei Berührung bricht die Röhrenspitze und die Bruchkante bohrt sich in die Haut. Blitzschnell wird, wie bei einer Spritze, die ameisensäurehaltige Brennflüssigkeit injiziert. Bald bilden sich Brandblasen.

Ich schüttle mich.

Am Waldrand färben sich die Blätter des Roten Hartriegels dunkelrot-violett, derweil die der Hainbuche verblassen. Die meisten Bäume im Wald aber sind noch ziemlich grün. Zu den bekannten Formen des Blätterteppichs haben sich hellgelbe, herzförmige Lindenblätter und braune, gelappte Eichenblätter gesellt.

An jedem Baum fast, so scheint es, prangt das Bild des Huskymischlings Frasier, der vermisst wird. Ob er zu seinem Herrchen zurückfindet?

Lautes Juchzen erklingt. Zwei Mountainbiker rasen den Biketrail bergab und jauchzen bei jedem Sprung – pure Lebenslust.

Die gute Laune steckt an: Mein Partner und ich schauen den beiden zu und müssen lachen.

Eine Kurve weiter hat sich ein Vater-Tochter-Gespann in den Kopf gesetzt, eine Lehmwand zu bezwingen. Sie kleben mitten drin. Vergeblich schiebt der Vater, vergeblich tastet die Tochter nach einem neuen Halt und klammert sich mit der anderen Hand an einen dünnen Zweig. Schliesslich obsiegt die Vernunft und die beiden klettern zurück.

Mein Blick, wieder der Natur zugewandt, fällt auf üppige Dolden scharlachroter Früchte, die zwischen grossen Blättern hängen. Die Äste beugen sich besorgniserregend unter ihrer Last: Mehlbeeren. Die einfachen Blätter mit den gezackten Blatträndern und die weissfilzigen Blattunterseiten sind deutlich zu erkennen. Ich sehe mich um: Drei, vier, nein, fünf Mehlbeerbäume stehen hier beisammen, das kommt selten vor.

Mehlbeeren wurzeln tief, sogar im nackten Fels. Ihre Früchte, die Vögel gerne essen, bleiben als Wintersteher den ganzen Winter über am Baum.

Kurz vor der Krete setzt Regen ein, Bindfäden mischen sich mit Sonnenstrahlen, und so flüchten wir ins Teehüsli, das von Naturfreunden geführt wird, und lassen uns Innerschweizer Kilbikrapfen sowie hausgemachten Apfelkuchen schmecken, während im Ofen ein Feuer knackt und brennt.

Vorzüglich.

Sonntag, 2. Oktober 2016

Überfluss

Das dürre, braune Laub raschelt beim Gehen. Zentimeterdick hat es sich auf den Boden gelegt, dort, wo im Sommer die Weissen Waldvögelein blühten. Zwischen den Blättern liegen winzige Nüsse, sie knirschen beim Drauftreten. Ich beuge mich darüber.

Was wie verdorrte Laubblätter aussieht, entpuppt sich als lauter Früchte der Hainbuchen: Diese setzen sich aus Nuss und dreilappigem Vorblatt zusammen. «Was für eine Verschwendung, was für ein Überfluss», äussere ich – unbedacht. Denn Vögel und Nagetiere mögen die Nüsse gerne.

Im Frühjahr und Sommer versorgen die grünen Vorblätter die Nüsse mit Zucker, den sie mittels Photosynthese produzieren. Reifen die Nüsse dann heran, so verlieren die Vorblätter ihre Funktion und vertrocknen.

Ich greife nach einem Vorblatt samt Nuss, halte es in die Höhe und lasse los: Es fällt fast ungebremst. Auch beim zweiten Versuch geschieht nichts. Erst beim dritten Mal komme ich auf die Idee, die Flügelnuss in die Luft zu werfen, so, wie ein Windstoss es vermag: Ja, jetzt dreht sich die Flügelnuss einem Propeller gleich im Kreis und trägt den Samen ein, zwei Meter fort.

Später lese ich, dass starker Wind die Früchte der Hainbuche mehrere hundert Meter weit verfrachten kann.

Die Samen der Hainbuche keimen oft erst im übernächsten Frühjahr. Von den Samen, die dann noch übrig, noch nicht gefressen sind und auf unversiegelten, fruchtbaren Boden und auf günstige Umweltbedingungen treffen, keimt ein gutes Drittel nicht. Um das Fortbestehen der Hainbuchen zu sichern, braucht es deshalb jede Menge Nüsse.

Von Verschwendung und Überfluss kann keine Rede sein.

Freitag, 7. Oktober 2016

Aus dem Gleichgewicht gebracht

Pinke Kapselfrüchte strahlen mir am Üetliberg entgegen, noch sind sie geschlossen. Bald aber werden sich die auffälligen Früchte des Europäischen Pfaffenhütchens mit vier Klappen öffnen und leuchtend orange Samen freigeben. Die Samen hängen dann an Fäden aus den Kapseln.

Drosseln und Rotkehlchen schmeckt der orange Samenmantel (Arillus), den sie geschickt vom weissen Samen schälen.

Ich folge einer «Prozession». Vor mir geht eine Asiatin im rot-weissen Ringelshirt, das glänzende, schwarze Haar zum Dutt gedreht, davor zwei Frauen, die eine in Grün, die andere in Schwarz, hinter mir ein Mann im lila Karohemd. Halte ich an, um eine Pflanze zu betrachten, so überholt er mich, setze ich mich wieder in Bewegung, so überhole ich ihn.

Eine ununterbrochene Schlange von Sonntagsspaziergängern windet sich den Üetliberg hinauf. Das schöne Herbstwetter lockt alle. Schon nach wenigen Kurven wird mir warm und ich ziehe die Jacke aus.

In den Bäumen hängen merkwürdige, rotbraune Knäuel, stellenweise bedecken die stacheligen Dinger auch den Boden: Früchte der Rotbuchen.

Rotbuchen blühen und fruchten alle drei bis sechs Jahre in besonders grossen Mengen – ähnlich wie Eichen und Tannen. In diesen Mastjahren setzen sie alle Energie für Blüten und Früchte ein; für Wachstum und Regeneration bleibt dann kaum Energie.

Der Mastjahrzyklus macht Sinn. Die mageren Zwischenjahre halten die Populationen der Wildtiere klein, sodass im Mastjahr nicht alle Samen vertilgt werden. Und der Baumnachwuchs gesichert ist. Denn Eichhörnchen, Wildschweine, Mäuse, Rotwild und Vögel lieben Tannzapfen, Bucheckern und Eicheln. (Bei diesen handelt es sich um wahre Energiebomben: Bucheckern etwa enthalten 40 Prozent Öl, reine Energie.)

Das Jahr 2016 gilt als eines der ausgeprägtesten Rotbuchen-Mastjahre der letzten dreissig Jahre im Schweizer Mittelland. Mit dem Klimawandel könnte sich der Zyklus der Rotbuche verkürzen, befürchten Forscher. Denn die Mastjahre werden unter anderem von der Witterung des vorjährigen Sommers beeinflusst. So stellt das Jahr 2016 in Baden-Württemberg bereits das vierte Rotbuchen-Mastjahr in nur sieben Jahren dar – das ist höchst ungewöhnlich. Da eine Mast den Bäumen alles abverlangt, sorgen sich Fachleute um die Rotbuchen: Deren Energiereserven sind aufgebraucht, ihre Widerstandskraft ist geschwächt.

Der Wald wird aus dem Gleichgewicht gebracht.

Sonntag, 9. Oktober 2016

Als ginge es um Leben und Tod

Ich schäme mich.

Rücksichtlos drängeln die Menschen ins Grossmünster, als ginge es um Leben und Tod. Gebührt ein solches Verhalten dem Dalai Lama, der heute die Kirche besucht?

Dann aber, da ich mit drei Fremden vor der Kirchentüre stehe – nachdem ich mich vor mehr als einer Stunde zuhinterst in die lange Schlange der Wartenden eingereiht hatte, die sich durch die Altstadt zog, nachdem ich geduldig im Schneckentempo vorangekrochen bin, bis auf den Kirchenplatz – und es heisst, die Kirche sei voll, eine einzige Person dürfe noch hinein, kenne ich nur einen Gedanken: Ich will rein. Und ein einziges Gefühl: Wut. Ich ärgere mich masslos über all die Menschen, die es ins Grossmünster geschafft haben, ohne sich anzustellen, die vorne reingedrängt sind. (Dabei hatte mein Partner mich noch gewarnt: «Die Zürcher sind Drängler, nie und nimmer stellen die sich alle hinten an.») Ich kämpfe und streite wüst um den einen freien Platz. Und gebe schliesslich nur nach, weil unter den drei Fremden eine Tibeterin ist, der ich – in einem Anflug von Vernunft – ein grösseres Recht zugestehe, den Dalai Lama zu sehen.

Ich schäme mich.

Samstag, 15. Oktober 2016

Es ist Zeit

Goldgelb leuchtet der Wald am Zugerberg, der Herbst läuft zur Höchstform auf. Aus dem Nebelmeer, das unter uns liegt und die gleissende Sonne reflektiert, erheben sich Pilatus wie Rigi. Herrlich.

Ein Blatt segelt, vom Wind getragen, durch die Luft, an der Luzerner Barbara und mir vorbei – beginnt unvermutet, mit Flügeln zu schlagen. Verdutzt blicken wir dem vermeintlichen Blatt hinterher: Es ist ein Admiral. Innerhalb der nächsten Stunden segeln wieder und wieder Admirale an uns vorbei, und alle fliegen sie in Richtung Süden.

Es ist Zeit. Bald schlägt das Wetter um und der Weg in den Süden ist weit.

Der Admiral zählt nicht zu den schnellsten Fliegern, gewöhnlich schafft er sieben bis fünfzehn Kilometer in der Stunde. Aber er weiss günstige Winde zu nutzen: Untersuchungen zeigen, dass Admirale im Herbst vor allem bei Nordwind wandern. Bei Gegenwind bleiben sie auf dem Boden. Indem sie ihre Flughöhe variieren, bewegen sie sich stets im schnellsten Luftstrom. Und überwinden gewaltige Distanzen: Bis zu 250 Kilometer am Tag sind keine Seltenheit.

Wie der Admiral seinen Weg quer über die Alpen findet?

Amerikanische Monarchfalter orientieren sich bei ihren weiten Wanderungen an der Sonne und am Magnetfeld, sie verfügen über eine Art eingebauten Sonnen- und Magnetkompass. Es wird vermutet, dass das eine oder andere auch auf den Admiral zutrifft. Auch wenn das (noch) nicht bewiesen ist.

Wie auch immer, unbestritten ist, *dass* der Admiral in den Süden findet.

Sonntag, 16. Oktober 2016

Jurahöhenweg

Baden liegt uns zu Füssen. Hanya, mein Partner und ich blicken von der Ruine Stein hinunter auf die alte Stadt. Durch ein Wolkenloch brechen Sonnenstrahlen und bilden einen Kranz.

Bald gelangen wir in den Wald, der zum Aussichtspunkt Baldegg führt. Noch einmal zeigt sich die Sonne, dann schliesst sich die Wolkendecke. Es nieselt. Ab und an tropft es von den Bäumen, die Luft riecht kühl und frisch.

Der Jurahöhenweg Richtung Gebenstorfer Horn, den wir nach der Baldegg einschlagen, schlängelt sich durch dichten Wald, durch regennasses Moos und Felder voll Drüsigem Springkraut. Ein dicker Blätterteppich hat sich auf den Waldboden gelegt. Mal bedecken riesige Roteichenblätter den Weg, mal zierliche, gelbe Blätter der Zitterpappel, dann wieder Eschenfiedern. Immer wieder durchschreiten wir sonnengelbe Flächen, in denen Bergahornblätter um die Wette strahlen.

Am Wegrand reiht sich Pilz an Pilz: braun, orange, weiss und gelb. Mit Pilzen kenne ich mich nicht gut aus, aber den Flaschenstäubling mit seinen weissen, flaschenförmigen Fruchtkörpern, auf denen warzige Stacheln sitzen, kenne selbst ich.

Die auffälligen Fruchtkörper von Pilzen erscheinen nur für kurze Zeit: Bei Reife zerstäuben sie und geben Sporen frei. Der Pilz scheint dann verschwunden. Im Boden verborgen aber, für uns unsichtbar, ziehen sich das ganze Jahr über lange Pilzfäden, das Myzel, kreuz und quer und bilden ein dichtes Geflecht.

Pilzen fehlt Blattgrün, deshalb sind sie auf «fremde» Kohlehydrate angewiesen – ähnlich wie wir Menschen. Mykorrhizapilze lösen dieses Problem, indem sie sich mit Waldbäumen zusammentun und Wasser sowie Nährstoffe gegen Zucker tauschen. Saprobionten dagegen ernähren sich von toter organischer Substanz. Etwa von Totholz oder Streu. Parasitische Pilze wiederum schmarotzen von lebenden Pflanzen.

Mein Stäubling zählt zu den Saprobionten. Diese erfüllen eine wichtige Funktion: Sie zersetzen totes Holz, Nadeln und Blätter und bauen organische Verbindungen ab, sodass die darin enthaltenen Nährstoffe neuen Pflanzen zur Verfügung stehen. (Jedes Jahr fallen auf einer Waldfläche von hundert mal hundert Metern vier Tonnen Streu an – das entspricht dem Gewicht eines Flusspferdes oder Nashorns oder dem von vier Kleinwagen.) Eine Wahnsinnsleistung. Ohne Saprobionten würde der Wald ersticken an seinem eigenen Abfall.

Der Regen wird stärker, es schüttet. Hanya zieht ihre Goretexjacke über ihre Daunenjacke, ich öffne meinen Schirm und mein Partner – der sich, im Gegensatz zu mir, stets weigert, im Voraus der Möglichkeit eines Wolkenbruchs ins Auge zu sehen, dann aber, wenn das Unerwartete eintritt, aus Stolz von meinen diversen mitgeführten Regenartikeln nicht Gebrauch machen will – beschleunigt seinen Schritt. Wir beeilen uns, Gebenstorf zu erreichen, in dessen Nähe Aare, Limmat und Reuss zusammenfliessen. Zum Glück lassen die Wassermassen bald nach, sodass wir Brugg, die nächste Station auf dem Jurahöhenweg, einigermassen trocken erreichen.

Sonntag, 24. Oktober 2016

Im Süden

Einsam und verlassen steht das Bahnhofsgebäude von Noto da. Die Türen sind verriegelt, das Innere liegt in Trümmern. Es herrscht Totenstille.

Den Admiralen gleich sind wir vor dem drohenden Winter in den Süden geflohen, in den südlichsten Zipfel Siziliens.

Zwischen Backsteinen und Schotter wuchern Kräuter, sie blühen. Im Hintergrund, jenseits des Gebüsches, das die Bahngeleise säumt, meldet sich der Grünfink zu Wort. Keckernde Elstern setzen mir unbekannten Vögeln nach, die wunderbar singen – mal schwirrend, mal perlend – und treiben sie von Busch zu Busch.

Die Sonne brennt. Wir warten.

Wüsste ich nicht mit Sicherheit, dass hier zwei-, dreimal pro Tag ein Zug hält, ich hielte es für unmöglich. Eine vergessene Stadt in einem vergessenen Land.

Wir warten.

Bunte Falter gaukeln. Die Gaukler ähneln unseren Zitronenfaltern, sind aber auf den Vorderflügeln kräftig orange gefärbt. Später werde ich sie als Mittelmeer-Zitronenfalter identifizieren, auch Kleopatrafalter genannt. Den Mittelmeer-Zitronenfalter findet man in der Schweiz nur im Kanton Tessin. Er überwintert als Falter und legt seine Eier auf Kreuzdorn ab – genau wie der Zitronenfalter.

Zu den gelb-orangen Faltern gesellen sich Admirale. Ob diese hier überwintern oder nach Afrika weiterziehen, vermag ich nicht zu sagen. Beides kommt vor. Aber am nächsten Tag sehe ich mehrere Admirale ohne Zögern aufs offene Meer zu steuern – so mutig wäre ich nie.

Ich wundere mich, warum sich der Admiral die Mühe macht, im Frühling in den Norden zu ziehen, und dann im Herbst wieder in den Süden. Wäre es nicht einfacher, er bliebe gleich das ganze Jahr im Süden?

Ja – würde die Sonne des Südens den Sommer über nicht alles verdorren, sodass die Raupen und Falter des Admirals kaum mehr Nahrung finden. Erst jetzt im November, mit dem Nachlassen der Hitze und nach den ersten herbstlichen Regenfällen, erlebt Sizilien einen zweiten Frühling. Alles grünt und blüht. Die Wiesen wirken, als hätte es über Nacht geschneit, als hätte sich ein weisser Teppich auf sie gelegt – so dicht stehen die schneeweissen Kreuzblütler. Das Zugverhalten des Admirals macht Sinn.

Etwas rattert, ein geschniegelter Italiener mit Rollkoffer und Regenschirm erscheint und stolziert auf und ab. Schliesslich spricht er uns auf Englisch an und will wissen, woher wir kommen. Erfreut über die Antwort wechselt unser Gegenüber, das sich als Franzose entpuppt, unvermittelt zu Deutsch.

Kurz darauf setzt sich ein Paar aus Lausanne zu uns und wir radebrechen Französisch. Die beiden sind seit bald zwei Monaten mit ihrem Camper unterwegs, alleine in Sizilien hatten sie zwei Platten. Jean und Louise, die einige Jahre in Algerien lebten, eigentlich durch Nordafrika fahren wollten, sich dann aber aufgrund der aktuell angespannten Lage nicht durch Tunesien trauten, blicken gleichbleibend freundlich lächelnd über unsere grammatikalischen Schnitzer und Wortwendungen hinweg, so kurios sie auch sind. Herzerfrischend sympathisch.

Ein durchdringender Pfiff erklingt: Der Zug fährt ächzend ein.

Er besteht aus einem einzigen Wagen.

So ist das im Süden.

Freitag, 4. November 2016

Möwe im Weihnachtsstress

Da steht sie, die kleine Möwe, auf der Balustrade der Uraniabrücke, mitten im Herzen von Zürich. Es scheint, als würde sie all die Menschen aufmerksam betrachten, die, beladen mit Einkaufstaschen, über die Brücke hasten. Der Weihnachtsrummel hat begonnen.

Die Möwe trippelt unschlüssig mal in die eine, dann in die andere Richtung, setzt an, aufs Trottoir runterzuspringen und sich ins Getümmel zu mischen, verharrt dann aber doch oben, in der Mitte.

Sie gefällt mir, die kleine Möwe: Schnabel und Beine in fröhliches Rot getaucht, hinter dem Auge ein schwarzer Ohrenfleck, legt sie den Kopf keck schräg. Einen Augenblick später breitet sie ihre Flügel aus, gleitet über die Limmat – und ist verschwunden.

Lachmöwe: Der Name passt gut. Lachmöwen brüten in Kolonien und sind sehr gesellig. Rund tausend Brutpaare leben das ganze Jahr über in der Schweiz, so auch am Zürichsee. Jetzt, im Winter, gesellen sich Gäste aus dem Norden dazu, die hier überwintern. Mit ihrem langen, schmalen Schnabel sind Lachmöwen auf das Fangen von Fischen spezialisiert. Sie fressen aber auch Insekten, Würmer, Aas und Abfall. Beim Fischen stürzen sie sich kopfüber in die Fluten oder «angeln» von der Wasseroberfläche aus.

In den letzten zwanzig Jahren haben sich die Bestände der Lachmöwe in Europa besorgniserregend verringert: Sie sind auf einen Viertel geschrumpft! Viele Nestlinge überleben nicht. Warum, wird zurzeit erforscht. Möglicherweise verdrängt die grössere und stärkere Mittelmeermöwe, die erst seit kurzem bei uns heimisch ist, die Lachmöwe von den Brutplätzen. Oder der Mensch stört sie.

Ich hoffe auf ein Happy End.

Freitag, 25. November 2016

Und das im November

Schon von weitem sehe ich, dass sich eine rote Gestalt dicht neben einem der beiden steinernen Engel bewegt, die meinen Pfad flankieren. Hoffentlich ist das kein Irrer.

Ich nähere mich vorsichtig.

Auf einem Schemel balanciert eine Frau, in rote Regenhosen und rote Regenjacke gekleidet, und schrubbt mit einer Bürste den einen Engel ab, auf dem sich Algen und Dreck festgesetzt haben. Ihr Fahrrad hat sie an einen Baumstamm gelehnt, in der Friedhofswiese verstreut liegen Putzutensilien und ein Wasserkübel. Verdutzt blicke ich die Fremde an, sie ist in meinem Alter. Die Fremde hält meinem Blick stand.

Na sowas. Und das im November.

Gleich hinter der nächsten Biegung singt ein Vogel wunderschön. Er verbirgt sich in einer Fichte. Ich brauche einen Moment, um den Sänger als Rotkehlchen zu identifizieren. Seine Strophen perlen, fliessen auf und ab, wagen sich immer wieder für ein paar feine Töne ganz, ganz hoch hinauf – das verrät das Rotkehlchen.

Was bringt ein Rotkehlchen an einem trüben Novembertag wie diesem zum Jubilieren? Glaubt es, der Frühling bricht an?

Nein, der herbstliche Gesang hat seine Richtigkeit. Im Herbst ziehen Rotkehlchen aus dem Norden in die Schweiz, wo sie den Winter verbringen. (Nur eine Minderheit der Schweizer Rotkehlchen harrt hier aus, der Rest fliegt in den Süden.) Mit ihrem Gesang markieren und verteidigen die Rotkehlchen ihr Winterrevier. Das ist überlebenswichtig. Denn nur ein gutes Revier hält die Ressourcen bereit, die ein Rotkehlchen braucht, um Schnee und Kälte zu trotzen. Fast 50 Prozent der Rotkehlchen überleben den Schweizer Winter nicht und verhungern oder erfrieren. In strengen Wintern kann es gar noch schlimmer sein.

Die Weibchen besetzen und verteidigen im Herbst ihre eigenen Reviere – deshalb singen auch sie.

Mein Sänger könnte demnach genauso gut eine Sängerin sein.

Ich laufe weiter, lasse Rotkehlchen und Rote Engelsfrau hinter mir zurück, laufe an goldenen Lärchen und Haselsträuchern vorbei, die, obgleich sie letzte, hellgrün verfärbte Blätter noch immer an sich klammern, bereits erste männliche Blütenkätzchen austreiben.

Und das im November.

Sonntag, 27. November 2016

Ein neuer Tag bricht an

Wind rüttelt am Berggasthaus Spinas und lässt die bunten Fahnen auf dem Vorplatz knattern.

Stille liegt über dem Tal.

In der Ferne erheben sich die Berge schneeweiss, mächtig und stabil, darüber ziehen Flugzeuge wie Kometen ihre Bahn. Ein feiner, heller Streifen markiert den Übergang vom Weiss zum Blau.

Jetzt.

Jetzt hauchen die ersten Sonnenstrahlen die obersten Zacken an und wandern, langsam, langsam, tiefer. Fast unmerklich nur kriechen sie voran.

Jetzt.

Jetzt gleisst die erste Bergflanke im Sonnenlicht. Das Licht hüpft weiter von Zacken zu Zacken – bis ins Tal.

Ein neuer Tag bricht an.

Donnerstag, 29. Dezember 2016

Stichwortverzeichnis

Admiral 131, 133, 137, 143, 149, 152, 153
Ahorngallwespe 68
Ährchen 74, 77
Ähren-Rapunzel 86
Alpenheckenkirsche 118, 133
Alpensoldanellen 98
Amsel 34, 83, 128, 129, 136
Anthocyan 141, 142
Arillus (Samenmantel) 81, 128, 146
Arve 20, 115
Aurorafalter 60
Bärlauch 53, 54, 64, 89
Bärtige Glockenblume 114, 120
Baumläufer 29
Bergahorn 11, 68, 133
Bergulme 26, 128
Bergkiefer 20
Bingelkraut 26
Blattfall 140
Blauflügel-Prachtlibelle 124
Blaumeise 27
Blässhuhn 62, 125
Borke 10, 11
Braunbär 88, 89, 122, 128
Breitblättrige Stendelwurz 118
Brennhaare 143
Brutknospen, Brutknöllchen 112
Brutparasitismus 126
Buchengallmücke 68
Buchfink 17
Carotinoide 139, 141
Chlorophyll (Blattgrün) 72, 139
Cirren (Federwolken) 109
Dickblattgewächse, CAM-Pflanzen 110, 114
Dickblättriger Mauerpfeffer 110
Dominanz 64
Drüsenhaare 57
Drüsiges Springkraut 138
Duft 57, 58, 87, 94, 111, 115, 125
Echter Baldrian 101
Efeu 33, 34, 131, 137
Eibe 27, 81, 108, 128, 130
Eiche 38, 140, 146, 147
Eichelhäher 39, 133
Einkeimblättrige (Monocotyledonen) 64
Elster 47
Elaiosom 95
Esche 59, 65, 139
Erdkröte 61
Europäisches Pfaffenhütchen 117, 146
Feldahorn 10
Feldulme 10
Feuerlilie 112
Fichte 20, 58
Flachmoor 55, 91
Flaschenstäubling 150
Flechten 23, 25
Flügelnuss 145
Frucht: Beerenfrucht 122, Kapselfrucht 120, 146, Klettenfrucht 101, Nussfrucht 122, Sammelfrucht 122, Scheinfrucht 122, Schleuderfrüchte 95, Schliessfrucht 95, Steinfrucht 122, 124, Streufrucht 95
Fruchtkörper (Pilz) 150
Frühblüher 13
Frühlingsplatterbse 51, 52, 111
Geflecktes Lungenkraut 51
Gefleckte Taubnessel 54
Gelber Enzian 98
Gemeine Feuerwanze 46
Gemeiner Natterkopf 111
Gräser, Süssgräser, Sauergräser 55, 74, 77
Grosse Brennnessel 131, 133, 143
Grosses Hexenkraut 101
Grosses Zweiblatt 72
Grünfink 108, 128
Hainbuche 10, 38, 140, 145
Halbschmarotzer 25, 120
Harz 58
Hartriegel 117, 124
Hasel 7, 8, 156
Hassen 62
Heidelbeere 44, 120, 121, 122
Herbstverfärbung 139, 140, 141, 142
Herbstzeitlose 53, 54, 137
Hochmoor 55, 56
Hopfenbuche 39
Huflattich 30
Igel 79
Immergrüne Bärentraube 121
Isidien, Brutkörperchen 23
Japanischer Staudenknöterich 142
Keimung, Keimruhe, Keimungshemmung, Keimungssperren 25, 72, 83, 129, 130, 145
Kleiber 18, 29, 128, 133
Kleine Brunelle 101

Kleiner Eisvogel 106, 117, 119
Kleiner Moorbläuling 125, 126
Kleines Springkraut 95
Klimawandel 65, 116, 147
Knabenkraut 73, 89
Knospen 7, 8, 11
Kohlmeise 18
Körbchenblütler 30
Kormoran 15
Krähe 62, 63
Lachmöwe 154
Langblättriges Waldvögelein 80
Lentizellen 10
Lippenblütler 54, 55, 57, 105
Maiglöckchen 53, 54
Mandelblättrige Wolfsmilch 95, 96
Mastjahre 146, 147
Mauersegler 103, 104
Mäusedorn 39
Mehlbeere 133, 144
Misteln 22
Misteldrossel 22, 53, 128, 133
Mittelmeer-Zitronenfalter 152
Mykorrhiza (Wurzelpilze) 72, 73, 83, 150
Myzel 150
Nadelbaum, Nadelblatt 20, 21, 27, 58
Nektar, Nektardrüsen, Nektarblätter, Nektartäuschblumen, Nektarräuber 51, 89, 95, 97, 114, 134
Neophyt, invasiver Neophyt 138, 142
Nickendes Perlgras 74
Olivenbaum 41, 49
Orchideen 54, 72, 73, 78, 83, 89, 118
Pappel 88
Pappus 101
Parasitische Pilze 151
Pilze 150
Preiselbeere 121, 122
Proterogynie (Vorweiblichkeit) 30
Rabenkrähe 81, 82, 84
Rauchschwalbe 103, 109
Rauschbeere 120, 121, 122
Reh 74, 81, 121, 133
Reiherenten 15, 16
Rinde 10
Ringeltaube 27
Rose 57
Rotbuche 10, 57, 64, 65, 68, 140, 146, 147
Rote Heckenkirsche 11, 106
Rotkehlchen 31, 117, 132, 133, 146, 155, 156
Rundblättrige Glockenblume 106
Rundblättriges Hasenohr 75
Saprobionten 150, 151
Selbstbestäubung 72, 101, 111
Schilf 77, 91
Schmetterlingsblütler 51
Schmieden 50, 115
Schwalbenschwanz 86, 87, 123
Schwarm, Trupp 83
Schwärmer 94, 111
Schwarzspecht 90
Sommergoldhähnchen 43
Spinnwebhauswurz 114
Sporen (Pilz) 150
Star 83, 90
Steinnelke 121
Stieglitz 42
Stomata (Spaltöffnung) 48, 49, 70, 91, 110
Sumpfdotterblume 52
Sumpfherzblatt 134
Symbiose 23
Tannenmeise 18
Tannenhäher 115
Taube Trespe 74
Tethys (Urmittelmeer) 35
Tollkirsche 129, 130
Torfmoos 55
Tracheen 70
Trollblume 97
Türkenbundlilie 94
Türkentaube 127
Verdunstung 7, 21, 48, 49, 70, 114, 140
Vogelbeere 132, 133
Vogelgesang 27, 28, 31
Vogelkirsche 51
Vogelnestwurz 72, 73
Waldsauerklee 48, 49
Waldspringkraut 138
Wasserdost 106, 131
Wassertransport 70
Wechselblättriges Milzkraut 49
Wegwarte 107
Weinbergschnecke 85, 86
Weissmündige Bänderschnecke 136
Weisse Seerose 91
Weisses Waldvögelein 78, 80, 83
Weisstanne 20, 58, 146
Wintergoldhähnchen 43
Wolliger Schneeball 8, 75, 117, 124
Zaunkönig 60
Zirkumhorizontalbogen 10, 11
Zitronenfalter 59
Zweihäusigkeit 26, 27, 88, 143
Zweijährige Nachtkerze 111
Zwitter 26

Autorenporträt

Bild: Matthias L. Frei

Bettina Keck, *1975, studierte Umweltingenieurwesen, mit Schwerpunkt Artenkenntnisse, und Psychologie. Ihre Leidenschaft für die Berge und die Natur gibt sie in und auf botanischen Kursen, Exkursionen und Wanderungen weiter, die sie für den WWF Zürich leitet. Von Prachtlibellen, Baumläufern und Türkenbundlilien ist ihr erstes Buch. Mit ihren stimmungsvollen, genauen und gleichwohl poetischen Texten will sie die Leserinnen und Leser berühren, faszinieren und für die einheimische Fauna und Flora begeistern. Bettina Keck lebt in Zürich.